ARABO
VOCABOLARIO

PER STUDIO AUTODIDATTICO

ITALIANO-ARABO

Le parole più utili
Per ampliare il proprio lessico e affinare
le proprie abilità linguistiche

5000 parole

Vocabolario Italiano-Arabo per studio autodidattico - 5000 parole
Di Andrey Taranov

I vocabolari T&P Books si propongono come strumento di aiuto per apprendere, memorizzare e revisionare l'uso di termini stranieri. Il dizionario si divide in vari argomenti che includono la maggior parte delle attività quotidiane, tra cui affari, scienza, cultura, ecc.

Il processo di apprendimento delle parole attraverso i dizionari divisi in liste tematiche della collana T&P Books offre i seguenti vantaggi:

- Le fonti d'informazione correttamente raggruppate garantiscono un buon risultato nella memorizzazione delle parole
- La possibilità di memorizzare gruppi di parole con la stessa radice (piuttosto che memorizzarle separatamente)
- Piccoli gruppi di parole facilitano il processo di apprendimento per associazione, utile al potenziamento lessicale
- Il livello di conoscenza della lingua può essere valutato attraverso il numero di parole apprese

Copyright © 2018 T&P Books Publishing

Tutti i diritti riservati. Nessuna parte del presente volume può essere riprodotta o trasmessa in qualsiasi forma o con qualsiasi mezzo elettronico, meccanico, fotocopie, registrazioni o riproduzioni senza l'autorizzazione scritta dell'editore.

T&P Books Publishing
www.tpbooks.com

ISBN: 978-1-78716-751-3

Questo libro è disponibile anche in formato e-book.
Visitate il sito www.tpbooks.com o le principali librerie online.

VOCABOLARIO ARABO
per studio autodidattico

I vocabolari T&P Books si propongono come strumento di aiuto per apprendere, memorizzare e revisionare l'uso di termini stranieri. Il vocabolario contiene oltre 5000 parole di uso comune ordinate per argomenti.

- Il vocabolario contiene le parole più comunemente usate
- È consigliato in aggiunta ad un corso di lingua
- Risponde alle esigenze degli studenti di lingue straniere sia essi principianti o di livello avanzato
- Pratico per un uso quotidiano, per gli esercizi di revisione e di autovalutazione
- Consente di valutare la conoscenza del proprio lessico

Caratteristiche specifiche del vocabolario:

- Le parole sono ordinate secondo il proprio significato e non alfabeticamente
- Le parole sono riportate in tre colonne diverse per facilitare il metodo di revisione e autovalutazione
- I gruppi di parole sono divisi in sottogruppi per facilitare il processo di apprendimento
- Il vocabolario offre una pratica e semplice trascrizione fonetica per ogni termine straniero

Il vocabolario contiene 155 argomenti tra cui:

Concetti di Base, Numeri, Colori, Mesi, Stagioni, Unità di Misura, Abbigliamento e Accessori, Cibo e Alimentazione, Ristorante, Membri della Famiglia, Parenti, Personalità, Sentimenti, Emozioni, Malattie, Città, Visita Turistica, Acquisti, Denaro, Casa, Ufficio, Lavoro d'Ufficio, Import-export, Marketing, Ricerca di un Lavoro, Sport, Istruzione, Computer, Internet, Utensili, Natura, Paesi, Nazionalità e altro ancora ...

INDICE

Guida alla pronuncia	9
Abbreviazioni	10

CONCETTI DI BASE — 11
Concetti di base. Parte 1 — 11

1. Pronomi — 11
2. Saluti. Convenevoli. Saluti di congedo — 11
3. Come rivolgersi — 12
4. Numeri cardinali. Parte 1 — 12
5. Numeri cardinali. Parte 2 — 13
6. Numeri ordinali — 14
7. Numeri. Frazioni — 14
8. Numeri. Operazioni aritmetiche di base — 14
9. Numeri. Varie — 14
10. I verbi più importanti. Parte 1 — 15
11. I verbi più importanti. Parte 2 — 16
12. I verbi più importanti. Parte 3 — 17
13. I verbi più importanti. Parte 4 — 18
14. Colori — 18
15. Domande — 19
16. Preposizioni — 20
17. Parole grammaticali. Avverbi. Parte 1 — 20
18. Parole grammaticali. Avverbi. Parte 2 — 22

Concetti di base. Parte 2 — 24

19. Giorni della settimana — 24
20. Ore. Giorno e notte — 24
21. Mesi. Stagioni — 25
22. Unità di misura — 27
23. Contenitori — 27

ESSERE UMANO — 29
Essere umano. Il corpo umano — 29

24. Testa — 29
25. Corpo umano — 30

Abbigliamento e Accessori — 31

26. Indumenti. Soprabiti — 31
27. Men's & women's clothing — 31

28. Abbigliamento. Biancheria intima	32
29. Copricapo	32
30. Calzature	32
31. Accessori personali	33
32. Abbigliamento. Varie	33
33. Cura della persona. Cosmetici	34
34. Orologi da polso. Orologio	35

Cibo. Alimentazione 36

35. Cibo	36
36. Bevande	37
37. Verdure	38
38. Frutta. Noci	39
39. Pane. Dolci	40
40. Pietanze cucinate	40
41. Spezie	41
42. Pasti	42
43. Preparazione della tavola	42
44. Ristorante	43

Famiglia, parenti e amici 44

45. Informazioni personali. Moduli	44
46. Membri della famiglia. Parenti	44

Medicinali 46

47. Malattie	46
48. Sintomi. Cure. Parte 1	47
49. Sintomi. Cure. Parte 2	48
50. Sintomi. Cure. Parte 3	49
51. Medici	50
52. Medicinali. Farmaci. Accessori	50

HABITAT UMANO 52
Città 52

53. Città. Vita di città	52
54. Servizi cittadini	53
55. Cartelli	54
56. Mezzi pubblici in città	55
57. Visita turistica	56
58. Acquisti	57
59. Denaro	58
60. Posta. Servizio postale	59

Abitazione. Casa 60

61. Casa. Elettricità	60

62. Villa. Palazzo	60
63. Appartamento	60
64. Arredamento. Interno	61
65. Biancheria da letto	62
66. Cucina	62
67. Bagno	63
68. Elettrodomestici	64

ATTIVITÀ UMANA
Lavoro. Affari. Parte 1

65
65

69. Ufficio. Lavorare in ufficio	65
70. Operazioni d'affari. Parte 1	66
71. Operazioni d'affari. Parte 2	67
72. Attività produttiva. Lavori	68
73. Contratto. Accordo	69
74. Import-export	70
75. Mezzi finanziari	70
76. Marketing	71
77. Pubblicità	71
78. Attività bancaria	72
79. Telefono. Conversazione telefonica	73
80. Telefono cellulare	74
81. Articoli di cancelleria	74
82. Generi di attività commerciali	74

Lavoro. Affari. Parte 2 77

83. Spettacolo. Mostra	77
84. Scienza. Ricerca. Scienziati	78

Professioni e occupazioni 79

85. Ricerca di un lavoro. Licenziamento	79
86. Gente d'affari	79
87. Professioni amministrative	80
88. Professioni militari e gradi	81
89. Funzionari. Sacerdoti	82
90. Professioni agricole	82
91. Professioni artistiche	83
92. Professioni varie	83
93. Attività lavorative. Condizione sociale	85

Istruzione 86

94. Scuola	86
95. Istituto superiore. Università	87
96. Scienze. Discipline	88
97. Sistema di scrittura. Ortografia	88
98. Lingue straniere	89

Ristorante. Intrattenimento. Viaggi	91
99. Escursione. Viaggio	91
100. Hotel	91

ATTREZZATURA TECNICA. MEZZI DI TRASPORTO	93
Attrezzatura tecnica	93
101. Computer	93
102. Internet. Posta elettronica	94
103. Elettricità	95
104. Utensili	95

Mezzi di trasporto	98
105. Aeroplano	98
106. Treno	99
107. Nave	100
108. Aeroporto	101

Situazioni quotidiane	103
109. Vacanze. Evento	103
110. Funerali. Sepoltura	104
111. Guerra. Soldati	104
112. Guerra. Azioni militari. Parte 1	105
113. Guerra. Azioni militari. Parte 2	107
114. Armi	108
115. Gli antichi	110
116. Il Medio Evo	110
117. Leader. Capo. Le autorità	112
118. Infrangere la legge. Criminali. Parte 1	113
119. Infrangere la legge. Criminali. Parte 2	114
120. Polizia. Legge. Parte 1	115
121. Polizia. Legge. Parte 2	116

LA NATURA	118
La Terra. Parte 1	118
122. L'Universo	118
123. La Terra	119
124. Punti cardinali	120
125. Mare. Oceano	120
126. Nomi dei mari e degli oceani	121
127. Montagne	122
128. Nomi delle montagne	123
129. Fiumi	123
130. Nomi dei fiumi	124
131. Foresta	124
132. Risorse naturali	125

La Terra. Parte 2   127

133. Tempo   127
134. Rigide condizioni metereologiche. Disastri naturali   128

Fauna   129

135. Mammiferi. Predatori   129
136. Animali selvatici   129
137. Animali domestici   130
138. Uccelli   131
139. Pesci. Animali marini   133
140. Anfibi. Rettili   133
141. Insetti   134

Flora   135

142. Alberi   135
143. Arbusti   135
144. Frutti. Bacche   136
145. Fiori. Piante   137
146. Cereali, granaglie   138

PAESI. NAZIONALITÀ   139

147. Europa occidentale   139
148. Europa centrale e orientale   139
149. Paesi dell'ex Unione Sovietica   140
150. Asia   140
151. America del Nord   141
152. America centrale e America del Sud   141
153. Africa   142
154. Australia. Oceania   142
155. Città   142

GUIDA ALLA PRONUNCIA

Alfabeto fonetico T&P	Esempio arabo	Esempio italiano
[a]	[ṭaffa] طفى	macchia
[ā]	[iχtār] إختار	scusare
[e]	[hamburger] هامبورجر	meno, leggere
[i]	[zifāf] زفاف	vittoria
[ī]	[abrīl] أبريل	scacchi
[u]	[kalkutta] كلكتا	prugno
[ū]	[ʒāmūs] جاموس	luccio
[b]	[bidāya] بداية	bianco
[d]	[saʿāda] سعادة	doccia
[ḍ]	[waḍʿ] وضع	[ḍ] faringale
[ʒ]	[arʒantīn] الأرجنتين	beige
[ð]	[tiðkār] تذكار	[th] faringalizzato
[z]	[zahar] زهر	[z] faringale
[f]	[χafīf] خفيف	ferrovia
[g]	[gūlf] جولف	guerriero
[h]	[ittiʒāh] إتجاه	[h] aspirate
[ḥ]	[aḥabb] أحبّ	[ḥ] faringale
[y]	[ðahabiy] ذهبي	New York
[k]	[kursiy] كرسي	cometa
[l]	[lamaḥ] لمح	saluto
[m]	[marṣad] مرصد	mostra
[n]	[ʒanūb] جنوب	novanta
[p]	[kaputʃīnu] كابتشينو	pieno
[q]	[waθiq] وثق	cometa
[r]	[rūḥ] روح	ritmo, raro
[s]	[suχriyya] سخرية	sapere
[ṣ]	[miʿṣam] معصم	[ṣ] faringale
[ʃ]	[ʿaʃāʾ] عشاء	ruscello
[t]	[tannūb] تنّوب	tattica
[ṭ]	[χarīṭa] خريطة	[ṭ] faringale
[θ]	[mamūθ] ماموث	Toscana (dialetto toscano)
[v]	[vitnām] فيتنام	volare
[w]	[waddaʿ] ودّع	week-end
[χ]	[baχīl] بخيل	[h] dolce
[ɣ]	[taɣaddā] تغدّى	simile gufo, gatto
[z]	[māʿiz] ماعز	rosa
[ʿ] (ayn)	[sabʿa] سبعة	fricativa faringale sonora
[ʾ] (hamza)	[saʾal] سأل	occlusiva glottidale sorda

ABBREVIAZIONI
usate nel vocabolario

Arabo. Abbreviazioni

du	- sostantivo plurale (duale)
f	- sostantivo femminile
m	- sostantivo maschile
pl	- plurale

Italiano. Abbreviazioni

agg	- aggettivo
anim.	- animato
avv	- avverbio
cong	- congiunzione
ecc.	- eccetera
f	- sostantivo femminile
f pl	- femminile plurale
fem.	- femminile
form.	- formale
inanim.	- inanimato
inform.	- familiare
m	- sostantivo maschile
m pl	- maschile plurale
m, f	- maschile, femminile
masc.	- maschile
mil.	- militare
pl	- plurale
pron	- pronome
qc	- qualcosa
qn	- qualcuno
sing.	- singolare
v aus	- verbo ausiliare
vi	- verbo intransitivo
vi, vt	- verbo intransitivo, transitivo
vr	- verbo riflessivo
vt	- verbo transitivo

CONCETTI DI BASE

Concetti di base. Parte 1

1. Pronomi

io	ana	أنا
tu (masc.)	anta	أنتَ
tu (fem.)	anti	أنتِ
lui	huwa	هو
lei	hiya	هي
noi	naḥnu	نحن
voi	antum	أنتم
loro	hum	هم

2. Saluti. Convenevoli. Saluti di congedo

Buongiorno!	as salāmu 'alaykum!	السلام عليكم!
Buongiorno! (la mattina)	ṣabāḥ al ҳayr!	صباح الخير!
Buon pomeriggio!	nahārak saʿīd!	نهارك سعيد!
Buonasera!	masāʾ al ҳayr!	مساء الخير!
salutare (vt)	sallam	سلّم
Ciao! Salve!	salām!	سلام!
saluto (m)	salām (m)	سلام
salutare (vt)	sallam 'ala	سلّم على
Come sta? Come stai?	kayfa ḥāluka?	كيف حالك؟
Che c'è di nuovo?	ma aҳbārak?	ما أخبارك؟
Arrivederci!	maʿ as salāma!	مع السلامة!
A presto!	ilal liqāʾ!	إلى اللقاء!
Addio!	maʿ as salāma!	مع السلامة!
congedarsi (vr)	waddaʿ	ودع
Ciao! (A presto!)	bay bay!	باي باي!
Grazie!	ʃukran!	شكراً!
Grazie mille!	ʃukran ʒazīlan!	شكراً جزيلاً!
Prego	'afwan	عفواً
Non c'è di che!	la ʃukr 'ala wāʒib	لا شكر على واجب
Di niente	al 'afw	العفو
Scusa!	'an iðnak!	عن إذنك!
Scusi!	'afwan!	عفواً!
scusare (vt)	'aðar	عذر
scusarsi (vr)	iʿtaðar	إعتذر
Chiedo scusa	ana ʾāsif	أنا آسف

Mi perdoni!	la tu'āχiðni!	لا تؤاخذني!
perdonare (vt)	'afa	عفا
per favore	min faḍlak	من فضلك
Non dimentichi!	la tansa!	لا تنس!
Certamente!	ṭab'an!	طبمًا!
Certamente no!	abadan!	أبدًا!
D'accordo!	ittafaqna!	إتّفقنا!
Basta!	kifāya!	كفاية!

3. Come rivolgersi

signore	ya sayyid	يا سيّد
signora	ya sayyida	يا سيدة
signorina	ya 'ānisa	يا آنسة
signore	ya ustāð	يا أستاذ
ragazzo	ya bni	يا بني
ragazza	ya binti	يا بنتي

4. Numeri cardinali. Parte 1

zero (m)	ṣifr	صفر
uno	wāḥid	واحد
una	wāḥida	واحدة
due	iθnān	إثنان
tre	θalāθa	ثلاثة
quattro	arba'a	أربعة
cinque	χamsa	خمسة
sei	sitta	ستّة
sette	sab'a	سبعة
otto	θamāniya	ثمانية
nove	tis'a	تسعة
dieci	'aʃara	عشرة
undici	aḥad 'aʃar	أحد عشر
dodici	iθnā 'aʃar	إثنا عشر
tredici	θalāθat 'aʃar	ثلاثة عشر
quattordici	arba'at 'aʃar	أربعة عشر
quindici	χamsat 'aʃar	خمسة عشر
sedici	sittat 'aʃar	ستّة عشر
diciassette	sab'at 'aʃar	سبعة عشر
diciotto	θamāniyat 'aʃar	ثمانية عشر
diciannove	tis'at 'aʃar	تسعة عشر
venti	'iʃrūn	عشرون
ventuno	wāḥid wa 'iʃrūn	واحد وعشرون
ventidue	iθnān wa 'iʃrūn	إثنان وعشرون
ventitre	θalāθa wa 'iʃrūn	ثلاثة وعشرون
trenta	θalāθīn	ثلاثون
trentuno	wāḥid wa θalāθūn	واحد وثلاثون

trentadue	iθnān wa θalāθūn	إثنان وثلاثون
trentatre	θalāθa wa θalāθūn	ثلاثة وثلاثون
quaranta	arbaʿūn	أربعون
quarantuno	wāḥid wa arbaʿūn	واحد وأربعون
quarantadue	iθnān wa arbaʿūn	إثنان وأربعون
quarantatre	θalāθa wa arbaʿūn	ثلاثة وأربعون
cinquanta	χamsūn	خمسون
cinquantuno	wāḥid wa χamsūn	واحد وخمسون
cinquantadue	iθnān wa χamsūn	إثنان وخمسون
cinquantatre	θalāθa wa χamsūn	ثلاثة وخمسون
sessanta	sittūn	ستّون
sessantuno	wāḥid wa sittūn	واحد وستّون
sessantadue	iθnān wa sittūn	إثنان وستّون
sessantatre	θalāθa wa sittūn	ثلاثة وستّون
settanta	sabʿūn	سبعون
settantuno	wāḥid wa sabʿūn	واحد وسبعون
settantadue	iθnān wa sabʿūn	إثنان وسبعون
settantatre	θalāθa wa sabʿūn	ثلاثة وسبعون
ottanta	θamānūn	ثمانون
ottantuno	wāḥid wa θamānūn	واحد وثمانون
ottantadue	iθnān wa θamānūn	إثنان وثمانون
ottantatre	θalāθa wa θamānūn	ثلاثة وثمانون
novanta	tisʿūn	تسعون
novantuno	wāḥid wa tisʿūn	واحد وتسعون
novantadue	iθnān wa tisʿūn	إثنان وتسعون
novantatre	θalāθa wa tisʿūn	ثلاثة وتسعون

5. Numeri cardinali. Parte 2

cento	miʾa	مائة
duecento	miʾatān	مائتان
trecento	θalāθumiʾa	ثلاثمائة
quattrocento	rubʿumiʾa	أربعمائة
cinquecento	χamsumiʾa	خمسمائة
seicento	sittumiʾa	ستّمائة
settecento	sabʿumiʾa	سبعمائة
ottocento	θamānimiʾa	ثمانمائة
novecento	tisʿumiʾa	تسعمائة
mille	alf	ألف
duemila	alfān	ألفان
tremila	θalāθat ʾālāf	ثلاثة آلاف
diecimila	ʿaʃarat ʾālāf	عشرة آلاف
centomila	miʾat alf	مائة ألف
milione (m)	milyūn (m)	مليون
miliardo (m)	milyār (m)	مليار

6. Numeri ordinali

primo	awwal	أوّل
secondo	θāni	ثان
terzo	θāliθ	ثالث
quarto	rābi'	رابع
quinto	χāmis	خامس
sesto	sādis	سادس
settimo	sābi'	سابع
ottavo	θāmin	ثامن
nono	tāsi'	تاسع
decimo	'āʃir	عاشر

7. Numeri. Frazioni

frazione (f)	kasr (m)	كسر
un mezzo	niṣf	نصف
un terzo	θulθ	ثلث
un quarto	rub'	ربع
un ottavo	θumn	ثمن
un decimo	'uʃr	عشر
due terzi	θulθān	ثلثان
tre quarti	talātit arbā'	ثلاثة أرباع

8. Numeri. Operazioni aritmetiche di base

sottrazione (f)	ṭarḥ (m)	طرح
sottrarre (vt)	ṭaraḥ	طرح
divisione (f)	qisma (f)	قسمة
dividere (vt)	qasam	قسم
addizione (f)	ʒam' (m)	جمع
addizionare (vt)	ʒama'	جمع
aggiungere (vt)	ʒama'	جمع
moltiplicazione (f)	ḍarb (m)	ضرب
moltiplicare (vt)	ḍarab	ضرب

9. Numeri. Varie

cifra (f)	raqm (m)	رقم
numero (m)	'adad (m)	عدد
numerale (m)	ism al 'adad (m)	إسم العدد
meno (m)	nāqiṣ (m)	ناقص
più (m)	zā'id (m)	زائد
formula (f)	ṣīɣa (f)	صيغة
calcolo (m)	ḥisāb (m)	حساب
contare (vt)	'add	عدّ

calcolare (vt)	ḥasab	حسب
comparare (vt)	qāran	قارن
Quanto? Quanti?	kam?	كم؟
somma (f)	maʒmūʻ (m)	مجموع
risultato (m)	natīʒa (f)	نتيجة
resto (m)	al bāqi (m)	الباقي
qualche ...	ʻiddat	عدّة
un po' di ...	qalīl	قليل
resto (m)	al bāqi (m)	الباقي
uno e mezzo	wāḥid wa niṣf (m)	واحد ونصف
dozzina (f)	iθnā ʻaʃar (m)	إثنا عشر
in due	ila ʃaṭrayn	إلى شطرين
in parti uguali	bit tasāwi	بالتساوى
metà (f), mezzo (m)	niṣf (m)	نصف
volta (f)	marra (f)	مرّة

10. I verbi più importanti. Parte 1

accorgersi (vr)	lāḥaẓ	لاحظ
afferrare (vt)	amsak	أمسك
affittare (dare in affitto)	istaʼʒar	إستأجر
aiutare (vt)	sāʻad	ساعد
amare (qn)	aḥabb	أحبّ
andare (camminare)	maʃa	مشى
annotare (vt)	katab	كتب
appartenere (vi)	χaṣṣ	خصّ
aprire (vt)	fataḥ	فتح
arrivare (vi)	waṣal	وصل
aspettare (vt)	intaẓar	إنتظر
avere (vt)	malak	ملك
avere fame	arād an yaʼkul	أراد أن يأكل
avere fretta	istaʻʒal	إستعجل
avere paura	χāf	خاف
avere sete	arād an yaʃrab	أراد أن يشرب
avvertire (vt)	ḥaððar	حذّر
cacciare (vt)	iṣṭād	إصطاد
cadere (vi)	saqaṭ	سقط
cambiare (vt)	ɣayyar	غيّر
capire (vt)	fahim	فهم
cenare (vi)	taʻaʃʃa	تعشّى
cercare (vt)	baḥaθ	بحث
cessare (vt)	tawaqqaf	توقّف
chiedere (~ aiuto)	istaɣāθ	إستغاث
chiedere (domandare)	saʼal	سأل
cominciare (vt)	badaʼ	بدأ
comparare (vt)	qāran	قارن

Italiano	Traslitterazione	Arabo
confondere (vt)	iχtalaṭ	إختلط
conoscere (qn)	ʿaraf	عرف
conservare (vt)	ḥafaẓ	حفظ
consigliare (vt)	naṣaḥ	نصح
contare (calcolare)	ʿadd	عدّ
contare su ...	iʿtamad ʿala ...	إعتمد على...
continuare (vt)	istamarr	إستمرّ
controllare (vt)	taḥakkam	تحكّم
correre (vi)	ʒara	جرى
costare (vt)	kallaf	كلّف
creare (vt)	χalaq	خلق
cucinare (vi)	ḥaḍḍar	حضّر

11. I verbi più importanti. Parte 2

Italiano	Traslitterazione	Arabo
dare (vt)	aʿṭa	أعطى
dare un suggerimento	aʿṭa talmīḥ	أعطى تلميحًا
decorare (adornare)	zayyan	زيّن
difendere (~ un paese)	dāfaʿ	دافع
dimenticare (vt)	nasiy	نسي
dire (~ la verità)	qāl	قال
dirigere (compagnia, ecc.)	adār	أدار
discutere (vt)	nāqaʃ	ناقش
domandare (vt)	ṭalab	طلب
dubitare (vi)	ʃakk fi	شكّ في
entrare (vi)	daχal	دخل
esigere (vt)	ṭālib	طالب
esistere (vi)	kān mawʒūd	كان موجودًا
essere (vi)	kān	كان
essere d'accordo	ittafaq	إتّفق
fare (vt)	ʿamal	عمل
fare colazione	afṭar	أفطر
fare il bagno	sabaḥ	سبح
fermarsi (vr)	waqaf	وقف
fidarsi (vr)	waθiq	وثق
finire (vt)	atamm	أتمّ
firmare (~ un documento)	waqqaʿ	وقّع
giocare (vi)	laʿib	لعب
girare (~ a destra)	inʿaṭaf	إنعطف
gridare (vi)	ṣaraχ	صرخ
indovinare (vt)	χamman	خمّن
informare (vt)	aχbar	أخبر
ingannare (vt)	χadaʿ	خدع
insistere (vi)	aṣarr	أصرّ
insultare (vt)	ahān	أهان
interessarsi di ...	ihtamm	إهتمّ

italiano	traslitterazione	arabo
invitare (vt)	da'a	دعا
lamentarsi (vr)	ʃaka	شكا
lasciar cadere	awqa'	أوقع
lavorare (vi)	'amal	عمل
leggere (vi, vt)	qara'	قرأ
liberare (vt)	ḥarrar	حرّر

12. I verbi più importanti. Parte 3

italiano	traslitterazione	arabo
mancare le lezioni	ɣāb	غاب
mandare (vt)	arsal	أرسل
menzionare (vt)	ðakar	ذكر
minacciare (vt)	haddad	هدّد
mostrare (vt)	'araḍ	عرض
nascondere (vt)	xaba'	خبأ
nuotare (vi)	sabaḥ	سبح
obiettare (vt)	i'taraḍ	إعترض
occorrere (vimp)	kān maṭlūb	كان مطلوبا
ordinare (~ il pranzo)	ṭalab	طلب
ordinare (mil.)	amar	أمر
osservare (vt)	rāqab	راقب
pagare (vi, vt)	dafa'	دفع
parlare (vi, vt)	takallam	تكلّم
partecipare (vi)	iʃtarak	إشترك
pensare (vi, vt)	ẓann	ظنّ
perdonare (vt)	'afa	عفا
permettere (vt)	raxxaṣ	رخّص
piacere (vi)	a'ʒab	أعجب
piangere (vi)	baka	بكى
pianificare (vt)	xaṭṭaṭ	خطّط
possedere (vt)	malak	ملك
potere (v aus)	istaṭā'	إستطاع
pranzare (vi)	taɣadda	تغدّى
preferire (vt)	faḍḍal	فضّل
pregare (vi, vt)	ṣalla	صلّى
prendere (vt)	axað	أخذ
prevedere (vt)	tanabba'	تنبّأ
promettere (vt)	wa'ad	وعد
pronunciare (vt)	naṭaq	نطق
proporre (vt)	iqtaraḥ	إقترح
punire (vt)	'āqab	عاقب
raccomandare (vt)	naṣaḥ	نصح
ridere (vi)	ḍaḥik	ضحك
rifiutarsi (vr)	rafaḍ	رفض
rincrescere (vi)	nadim	ندم
ripetere (ridire)	karrar	كرّر
riservare (vt)	haʒaz	حجز

rispondere (vi, vt)	aʒāb	أجاب
rompere (spaccare)	kasar	كسر
rubare (~ i soldi)	saraq	سرق

13. I verbi più importanti. Parte 4

salvare (~ la vita a qn)	anqað	أنقذ
sapere (vt)	ʻaraf	عرف
sbagliare (vi)	axṭaʼ	أخطأ
scavare (vt)	ḥafar	حفر
scegliere (vt)	ixtār	إختار

scendere (vi)	nazil	نزل
scherzare (vi)	mazaḥ	مزح
scrivere (vt)	katab	كتب
scusarsi (vr)	iʻtaðar	إعتذر

sedersi (vr)	ʒalas	جلس
seguire (vt)	tabaʻ	تبع
sgridare (vt)	wabbax	وبخ
significare (vt)	ʻana	عنى
sorridere (vi)	ibtasam	إبتسم

sottovalutare (vt)	istaxaff	إستخف
sparare (vi)	aṭlaq an nār	أطلق النار
sperare (vi, vt)	tamanna	تمنى
spiegare (vt)	ʃaraḥ	شرح
studiare (vt)	daras	درس

stupirsi (vr)	indahaʃ	إندهش
tacere (vi)	sakat	سكت
tentare (vt)	ḥāwal	حاول
toccare (~ con le mani)	lamas	لمس
tradurre (vt)	tarʒam	ترجم

trovare (vt)	waʒad	وجد
uccidere (vt)	qatal	قتل
udire (percepire suoni)	samiʻ	سمع
unire (vt)	waḥḥad	وحد
uscire (vi)	xaraʒ	خرج

vantarsi (vr)	tabāha	تباهى
vedere (vt)	raʼa	رأى
vendere (vt)	bāʻ	باع
volare (vi)	ṭār	طار
volere (desiderare)	arād	أراد

14. Colori

colore (m)	lawn (m)	لون
sfumatura (f)	daraʒat al lawn (m)	درجة اللون
tono (m)	ṣabɣit lūn (f)	لون

arcobaleno (m)	qaws quzaḥ (m)	قوس قزح
bianco (agg)	abyaḍ	أبيض
nero (agg)	aswad	أسود
grigio (agg)	ramādiy	رمادي
verde (agg)	axḍar	أخضر
giallo (agg)	aṣfar	أصفر
rosso (agg)	aḥmar	أحمر
blu (agg)	azraq	أزرق
azzurro (agg)	azraq fātiḥ	أزرق فاتح
rosa (agg)	wardiy	وردي
arancione (agg)	burtuqāliy	برتقالي
violetto (agg)	banafsaʒiy	بنفسجي
marrone (agg)	bunniy	بني
d'oro (agg)	ðahabiy	ذهبي
argenteo (agg)	fiḍḍiy	فضي
beige (agg)	bɛːʒ	بيج
color crema (agg)	ʿāʒiy	عاجي
turchese (agg)	fayrūziy	فيروزي
rosso ciliegia (agg)	karaziy	كرزي
lilla (agg)	laylakiy	ليلكي
rosso lampone (agg)	qirmiziy	قرمزي
chiaro (agg)	fātiḥ	فاتح
scuro (agg)	ɣāmiq	غامق
vivo, vivido (agg)	zāhi	زاه
colorato (agg)	mulawwan	ملوّن
a colori	mulawwan	ملوّن
bianco e nero (agg)	abyaḍ wa aswad	أبيض وأسود
in tinta unita	waḥīd al lawn, sāda	وحيد اللون، سادة
multicolore (agg)	mutaʿaddid al alwān	متعدّد الألوان

15. Domande

Chi?	man?	من؟
Che cosa?	māða?	ماذا؟
Dove? (in che luogo?)	ayna?	أين؟
Dove? (~ vai?)	ila ayna?	إلى أين؟
Di dove?, Da dove?	min ayna?	من أين؟
Quando?	mata?	متى؟
Perché? (per quale scopo?)	li māða?	لماذا؟
Perché? (per quale ragione?)	li māða?	لماذا؟
Per che cosa?	li māða?	لماذا؟
Come?	kayfa?	كيف؟
Che? (~ colore è?)	ay?	أي؟
Quale?	ay?	أي؟
A chi?	li man?	لمن؟
Di chi?	ʿamman?	عمّن؟

Di che cosa?	'amma?	عمّا؟
Con chi?	ma' man?	مع من؟
Quanti?, Quanto?	kam?	كم؟
Di chi?	li man?	لمن؟

16. Preposizioni

con (tè ~ il latte)	ma'	مع
senza	bi dūn	بدون
a (andare ~ ...)	ila	إلى
di (parlare ~ ...)	'an	عن
prima di ...	qabl	قبل
di fronte a ...	amām	أمام
sotto (avv)	taḥt	تحت
sopra (al di ~)	fawq	فوق
su (sul tavolo, ecc.)	'ala	على
da, di (via da ..., fuori di ...)	min	من
di (fatto ~ cartone)	min	من
fra (~ dieci minuti)	ba'd	بعد
attraverso (dall'altra parte)	'abr	عبر

17. Parole grammaticali. Avverbi. Parte 1

Dove?	ayna?	أين؟
qui (in questo luogo)	huna	هنا
lì (in quel luogo)	hunāk	هناك
da qualche parte (essere ~)	fi makānin ma	في مكان ما
da nessuna parte	la fi ay makān	لا في أي مكان
vicino a ...	bi ʒānib	بجانب
vicino alla finestra	bi ʒānib aʃ ʃubbāk	بجانب الشبّاك
Dove?	ila ayna?	إلى أين؟
qui (vieni ~)	huna	هنا
ci (~ vado stasera)	hunāk	هناك
da qui	min huna	من هنا
da lì	min hunāk	من هناك
vicino, accanto (avv)	qarīban	قريبًا
lontano (avv)	ba'īdan	بعيدًا
vicino (~ a Parigi)	'ind	عند
vicino (qui ~)	qarīban	قريبًا
non lontano	ɣayr ba'īd	غير بعيد
sinistro (agg)	al yasār	اليسار
a sinistra (rimanere ~)	'alaʃ ʃimāl	على الشمال
a sinistra (girare ~)	ilaʃ ʃimāl	إلى الشمال

destro (agg)	al yamīn	اليمين
a destra (rimanere ~)	'alal yamīn	على اليمين
a destra (girare ~)	llal yamīn	إلى اليمين
davanti	min al amām	من الأمام
anteriore (agg)	amāmiy	أماميّ
avanti	ilal amām	إلى الأمام
dietro (avv)	warā'	وراء
da dietro	min al warā'	من الوراء
indietro	ilal warā'	إلى الوراء
mezzo (m), centro (m)	wasaṭ (m)	وسط
in mezzo, al centro	fil wasat	في الوسط
di fianco	bi ʒānib	بجانب
dappertutto	fi kull makān	في كل مكان
attorno	ḥawl	حول
da dentro	min ad dāxil	من الداخل
da qualche parte (andare ~)	ila ayy makān	إلى أيّ مكان
dritto (direttamente)	bi aqṣar ṭarīq	بأقصر طريق
indietro	'īyāban	إيابًا
da qualsiasi parte	min ayy makān	من أي مكان
da qualche posto (veniamo ~)	min makānin ma	من مكان ما
in primo luogo	awwalan	أوَّلًا
in secondo luogo	θāniyan	ثانيًا
in terzo luogo	θāliθan	ثالثًا
all'improvviso	faʒ'a	فجأة
all'inizio	fil bidāya	في البداية
per la prima volta	li 'awwal marra	لأول مرة
molto tempo prima di...	qabl ... bi mudda ṭawīla	قبل...بمدّة طويلة
di nuovo	min ʒadīd	من جديد
per sempre	ilal abad	إلى الأبد
mai	abadan	أبدًا
ancora	min ʒadīd	من جديد
adesso	al 'ān	الآن
spesso (avv)	kaθīran	كثيرًا
allora	fi ðalika al waqt	في ذلك الوقت
urgentemente	'āʒilan	عاجلًا
di solito	kal 'āda	كالعادة
a proposito, ...	'ala fikra ...	على فكرة...
è possibile	min al mumkin	من الممكن
probabilmente	la'alla	لعلّ
forse	min al mumkin	من الممكن
inoltre ...	bil iḍāfa ila ðalik ...	بالإضافة إلى...
ecco perché ...	li ðalik	لذلك
nonostante (~ tutto)	bir raɣm min ...	بالرغم من...
grazie a ...	bi faḍl ...	بفضل...
che cosa (pron)	allaði	الذي

che (cong)	anna	أنّ
qualcosa (qualsiasi cosa)	ʃay' (m)	شيء
qualcosa (le serve ~?)	ʃay' (m)	شيء
niente	la ʃay'	لا شيء
chi (pron)	allaði	الذي
qualcuno (annuire a ~)	aḥad	أحد
qualcuno (dipendere da ~)	aḥad	أحد
nessuno	la aḥad	لا أحد
da nessuna parte	la ila ay makān	لا إلى أي مكان
di nessuno	la yaxuṣṣ aḥad	لا يخص أحدًا
di qualcuno	li aḥad	لأحد
così (era ~ arrabbiato)	hakaða	هكذا
anche (penso ~ a ...)	kaðalika	كذلك
anche, pure	ayḍan	أيضًا

18. Parole grammaticali. Avverbi. Parte 2

Perché?	li māða?	لماذا؟
per qualche ragione	li sababin ma	لسبب ما
perché ...	li'anna ...	لأنّ...
per qualche motivo	li amr mā	لأمر ما
e (cong)	wa	و
o (sì ~ no?)	aw	أو
ma (però)	lakin	لكن
per (~ me)	li	لـ
troppo	kaθīran ʒiddan	كثير جدًا
solo (avv)	faqaṭ	فقط
esattamente	biḍ ḍabṭ	بالضبط
circa (~ 10 dollari)	naḥw	نحو
approssimativamente	taqrīban	تقريبًا
approssimativo (agg)	taqrībiy	تقريبيّ
quasi	taqrīban	تقريبًا
resto	al bāqi (m)	الباقي
ogni (agg)	kull	كلّ
qualsiasi (agg)	ayy	أيّ
molti, molto	kaθīr	كثير
molta gente	kaθīr min an nās	كثير من الناس
tutto, tutti	kull an nās	كل الناس
in cambio di ...	muqābil ...	مقابل...
in cambio	muqābil	مقابل
a mano (fatto ~)	bil yad	باليد
poco probabile	hayhāt	هيهات
probabilmente	la'alla	لعلّ
apposta	qaṣdan	قصدا
per caso	ṣudfa	صدفة

molto (avv)	ʒiddan	جدًا
per esempio	maθalan	مثلًا
fra (~ due)	bayn	بين
fra (~ più di due)	bayn	بين
tanto (quantità)	haðihi al kammiyya	هذه الكمية
soprattutto	χāṣṣa	خاصّة

Concetti di base. Parte 2

19. Giorni della settimana

lunedì (m)	yawm al iθnayn (m)	يوم الإثنين
martedì (m)	yawm aθ θulāθā' (m)	يوم الثلاثاء
mercoledì (m)	yawm al arbi'ā' (m)	يوم الأربعاء
giovedì (m)	yawm al xamīs (m)	يوم الخميس
venerdì (m)	yawm al ʒum'a (m)	يوم الجمعة
sabato (m)	yawm as sabt (m)	يوم السبت
domenica (f)	yawm al aḥad (m)	يوم الأحد
oggi (avv)	al yawm	اليوم
domani	ɣadan	غدًا
dopodomani	ba'd ɣad	بعد غد
ieri (avv)	ams	أمس
l'altro ieri	awwal ams	أوّل أمس
giorno (m)	yawm (m)	يوم
giorno (m) lavorativo	yawm 'amal (m)	يوم عمل
giorno (m) festivo	yawm al 'uṭla ar rasmiyya (m)	يوم العطلة الرسمية
giorno (m) di riposo	yawm 'uṭla (m)	يوم عطلة
fine (m) settimana	ayyām al 'uṭla (pl)	أيام العطلة
tutto il giorno	ṭūl al yawm	طول اليوم
l'indomani	fil yawm at tāli	في اليوم التالي
due giorni fa	min yawmayn	قبل يومين
il giorno prima	fil yawm as sābiq	في اليوم السابق
quotidiano (agg)	yawmiy	يومي
ogni giorno	yawmiyyan	يوميًا
settimana (f)	usbū' (m)	أسبوع
la settimana scorsa	fil isbū' al māḍi	في الأسبوع الماضي
la settimana prossima	fil isbū' al qādim	في الأسبوع القادم
settimanale (agg)	usbū'iy	أسبوعي
ogni settimana	usbū'iyyan	أسبوعيًا
due volte alla settimana	marratayn fil usbū'	مرّتين في الأسبوع
ogni martedì	kull yawm aθ θulaθā'	كل يوم الثلاثاء

20. Ore. Giorno e notte

mattina (f)	ṣabāḥ (m)	صباح
di mattina	fiṣ ṣabāḥ	في الصباح
mezzogiorno (m)	ẓuhr (m)	ظهر
nel pomeriggio	ba'd aẓ ẓuhr	بعد الظهر
sera (f)	masā' (m)	مساء
di sera	fil masā'	في المساء

notte (f)	layl (m)	ليل
di notte	bil layl	بالليل
mezzanotte (f)	muntaṣif al layl (m)	منتصف الليل
secondo (m)	θāniya (f)	ثانية
minuto (m)	daqīqa (f)	دقيقة
ora (f)	sāʻa (f)	ساعة
mezzora (f)	niṣf sāʻa (m)	نصف ساعة
un quarto d'ora	rubʻ sāʻa (f)	ربع ساعة
quindici minuti	χamsat ʻaʃar daqīqa	خمس عشرة دقيقة
ventiquattro ore	yawm kāmil (m)	يوم كامل
levata (f) del sole	ʃurūq aʃ ʃams (m)	شروق الشمس
alba (f)	faʒr (m)	فجر
mattutino (m)	ṣabāḥ bākir (m)	صباح باكر
tramonto (m)	γurūb aʃ ʃams (m)	غروب الشمس
di buon mattino	fis ṣabāḥ al bākir	في الصباح الباكر
stamattina	al yawm fiṣ ṣabāḥ	اليوم في الصباح
domattina	γadan fiṣ ṣabāḥ	غدا في الصباح
oggi pomeriggio	al yawm baʻd aẓ ẓuhr	اليوم بعد الظهر
nel pomeriggio	baʻd aẓ ẓuhr	بعد الظهر
domani pomeriggio	γadan baʻd aẓ ẓuhr	غدا بعد الظهر
stasera	al yawm fil masāʼ	اليوم في المساء
domani sera	γadan fil masāʼ	غدا في المساء
alle tre precise	fis sāʻa aθ θāliθa tamāman	في الساعة الثالثة تماما
verso le quattro	fis sāʻa ar rābiʻa taqrīban	في الساعة الرابعة تقريبا
per le dodici	ḥattas sāʻa aθ θāniya ʻaʃara	حتى الساعة الثانية عشرة
fra venti minuti	baʻd ʻiʃrīn daqīqa	بعد عشرين دقيقة
fra un'ora	baʻd sāʻa	بعد ساعة
puntualmente	fi mawʻidih	في موعده
un quarto di ...	illa rubʻ	إلا ربع
entro un'ora	ṭiwāl sāʻa	طوال الساعة
ogni quindici minuti	kull rubʻ sāʻa	كل ربع ساعة
giorno e notte	layl nahār	ليل نهار

21. Mesi. Stagioni

gennaio (m)	yanāyir (m)	يناير
febbraio (m)	fibrāyir (m)	فبراير
marzo (m)	māris (m)	مارس
aprile (m)	abrīl (m)	أبريل
maggio (m)	māyu (m)	مايو
giugno (m)	yūnyu (m)	يونيو
luglio (m)	yūlyu (m)	يوليو
agosto (m)	aγusṭus (m)	أغسطس
settembre (m)	sibtambar (m)	سبتمبر
ottobre (m)	uktūbir (m)	أكتوبر
novembre (m)	nuvimbar (m)	نوفمبر

dicembre (m)	disimbar (m)	ديسمبر
primavera (f)	rabīʻ (m)	ربيع
in primavera	fir rabīʻ	في الربيع
primaverile (agg)	rabīʻiy	ربيعي
estate (f)	ṣayf (m)	صيف
in estate	fiṣ ṣayf	في الصيف
estivo (agg)	ṣayfiy	صيفي
autunno (m)	χarīf (m)	خريف
in autunno	fil χarīf	في الخريف
autunnale (agg)	χarīfiy	خريفيّ
inverno (m)	ʃitāʼ (m)	شتاء
in inverno	fiʃ ʃitāʼ	في الشتاء
invernale (agg)	ʃitawiy	شتويّ
mese (m)	ʃahr (m)	شهر
questo mese	fi haða aʃ ʃahr	في هذا الشهر
il mese prossimo	fiʃ ʃahr al qādim	في الشهر القادم
il mese scorso	fiʃ ʃahr al māḍi	في الشهر الماضي
un mese fa	qabl ʃahr	قبل شهر
fra un mese	baʻd ʃahr	بعد شهر
fra due mesi	baʻd ʃahrayn	بعد شهرين
un mese intero	ṭūl aʃ ʃahr	طول الشهر
per tutto il mese	ʃahr kāmil	شهر كامل
mensile (rivista ~)	ʃahriy	شهريّ
mensilmente	kull ʃahr	كل شهر
ogni mese	kull ʃahr	كل شهر
due volte al mese	marratayn fiʃ ʃahr	مرّتين في الشهر
anno (m)	sana (f)	سنة
quest'anno	fi haðihi as sana	في هذه السنة
l'anno prossimo	fis sana al qādima	في السنة القادمة
l'anno scorso	fis sana al māḍiya	في السنة الماضية
un anno fa	qabla sana	قبل سنة
fra un anno	baʻd sana	بعد سنة
fra due anni	baʻd sanatayn	بعد سنتين
un anno intero	ṭūl as sana	طول السنة
per tutto l'anno	sana kāmila	سنة كاملة
ogni anno	kull sana	كل سنة
annuale (agg)	sanawiy	سنويّ
annualmente	kull sana	كل سنة
quattro volte all'anno	arbaʻ marrāt fis sana	أربع مرّات في السنة
data (f) (~ di oggi)	tarīχ (m)	تاريخ
data (f) (~ di nascita)	tarīχ (m)	تاريخ
calendario (m)	taqwīm (m)	تقويم
mezz'anno (m)	niṣf sana (m)	نصف سنة
semestre (m)	niṣf sana (m)	نصف سنة
stagione (f) (estate, ecc.)	faṣl (m)	فصل
secolo (m)	qarn (m)	قرن

22. Unità di misura

peso (m)	wazn (m)	وزن
lunghezza (f)	ṭūl (m)	طول
larghezza (f)	'arḍ (m)	عرض
altezza (f)	irtifā' (m)	إرتفاع
profondità (f)	'umq (m)	عمق
volume (m)	ḥaʒm (m)	حجم
area (f)	misāḥa (f)	مساحة
grammo (m)	grām (m)	جرام
milligrammo (m)	milliɣrām (m)	مليغرام
chilogrammo (m)	kiluɣrām (m)	كيلوغرام
tonnellata (f)	ṭunn (m)	طن
libbra (f)	raṭl (m)	رطل
oncia (f)	ūnṣa (f)	أونصة
metro (m)	mitr (m)	متر
millimetro (m)	millimitr (m)	مليمتر
centimetro (m)	santimitr (m)	سنتيمتر
chilometro (m)	kilumitr (m)	كيلومتر
miglio (m)	mīl (m)	ميل
pollice (m)	būṣa (f)	بوصة
piede (f)	qadam (m)	قدم
iarda (f)	yārda (f)	ياردة
metro (m) quadro	mitr murabba' (m)	متر مربع
ettaro (m)	hiktār (m)	هكتار
litro (m)	litr (m)	لتر
grado (m)	daraʒa (f)	درجة
volt (m)	vūlt (m)	فولت
ampere (m)	ambīr (m)	أمبير
cavallo vapore (m)	ḥiṣān (m)	حصان
quantità (f)	kammiyya (f)	كمّية
un po' di ...	qalīl ...	قليل...
metà (f)	niṣf (m)	نصف
dozzina (f)	iθnā 'aʃar (f)	إثنا عشر
pezzo (m)	waḥda (f)	وحدة
dimensione (f)	ḥaʒm (m)	حجم
scala (f) (modello in ~)	miqyās (m)	مقياس
minimo (agg)	al adna	الأدنى
minore (agg)	al aṣɣar	الأصغر
medio (agg)	mutawassiṭ	متوسّط
massimo (agg)	al aqṣa	الأقصى
maggiore (agg)	al akbar	الأكبر

23. Contenitori

barattolo (m) di vetro	barṭamān (m)	برطمان
latta, lattina (f)	tanaka (f)	تنكة

secchio (m)	ʒardal (m)	جردل
barile (m), botte (f)	barmīl (m)	برميل
catino (m)	ḥawḍ lil ɣasīl (m)	حوض للغسيل
serbatoio (m) (per liquidi)	xazzān (m)	خزّان
fiaschetta (f)	zamzamiyya (f)	زمزميّة
tanica (f)	ʒirikan (m)	جركن
cisterna (f)	xazzān (m)	خزّان
tazza (f)	mãgg (m)	ماجّ
tazzina (f) (~ di caffé)	finʒān (m)	فنجان
piattino (m)	ṭabaq finʒān (m)	طبق فنجان
bicchiere (m) (senza stelo)	kubbāya (f)	كبّاية
calice (m)	ka's (f)	كأس
casseruola (f)	kassirūlla (f)	كاسرولة
bottiglia (f)	zuʒāʒa (f)	زجاجة
collo (m) (~ della bottiglia)	'unq (m)	عنق
caraffa (f)	dawraq zuʒāʒiy (m)	دورق زجاجيّ
brocca (f)	ibrīq (m)	إبريق
recipiente (m)	inā' (m)	إناء
vaso (m) di coccio	aṣīṣ (m)	أصيص
vaso (m) di fiori	vāza (f)	فازة
boccetta (f) (~ di profumo)	zuʒāʒa (f)	زجاجة
fiala (f)	zuʒāʒa (f)	زجاجة
tubetto (m)	umbūba (f)	أنبوبة
sacco (m) (~ di patate)	kīs (m)	كيس
sacchetto (m) (~ di plastica)	kīs (m)	كيس
pacchetto (m) (~ di sigarette, ecc.)	'ulba (f)	علبة
scatola (f) (~ per scarpe)	'ulba (f)	علبة
cassa (f) (~ di vino, ecc.)	ṣundū' (m)	صندوق
cesta (f)	salla (f)	سلّة

ESSERE UMANO

Essere umano. Il corpo umano

24. Testa

testa (f)	ra's (m)	رأس
viso (m)	waʒh (m)	وجه
naso (m)	anf (m)	أنف
bocca (f)	fam (m)	فم
occhio (m)	'ayn (f)	عين
occhi (m pl)	'uyūn (pl)	عيون
pupilla (f)	ḥadaqa (f)	حدقة
sopracciglio (m)	ḥāʒib (m)	حاجب
ciglio (m)	rimʃ (m)	رمش
palpebra (f)	ʒafn (m)	جفن
lingua (f)	lisān (m)	لسان
dente (m)	sinn (f)	سن
labbra (f pl)	ʃifāh (pl)	شفاه
zigomi (m pl)	'izām waʒhiyya (pl)	عظام وجهيّة
gengiva (f)	liθθa (f)	لثّة
palato (m)	ḥanak (m)	حنك
narici (f pl)	minxarān (du)	منخران
mento (m)	ðaqan (m)	ذقن
mascella (f)	fakk (m)	فكّ
guancia (f)	xadd (m)	خدّ
fronte (f)	ʒabha (f)	جبهة
tempia (f)	ṣudɣ (m)	صدغ
orecchio (m)	uðun (f)	أذن
nuca (f)	qafa (m)	قفا
collo (m)	raqaba (f)	رقبة
gola (f)	ḥalq (m)	حلق
capelli (m pl)	ʃa'r (m)	شعر
pettinatura (f)	tasrīḥa (f)	تسريحة
taglio (m)	tasrīḥa (f)	تسريحة
parrucca (f)	barūka (f)	باروكة
baffi (m pl)	ʃawārib (pl)	شوارب
barba (f)	liḥya (f)	لحية
portare (~ la barba, ecc.)	'indahu	عنده
treccia (f)	ḍifīra (f)	ضفيرة
basette (f pl)	sawālif (pl)	سوالف
rosso (agg)	aḥmar aʃ ʃa'r	أحمر الشعر
brizzolato (agg)	abyaḍ	أبيض

calvo (agg)	aṣlaʿ	أصلع
calvizie (f)	ṣalaʿ (m)	صلع
coda (f) di cavallo	ðayl ḥiṣān (m)	ذيل حصان
frangetta (f)	quṣṣa (f)	قصّة

25. Corpo umano

mano (f)	yad (m)	يد
braccio (m)	ðirāʿ (f)	ذراع
dito (m)	iṣbaʿ (m)	إصبع
dito (m) del piede	iṣbaʿ al qadam (m)	إصبع القدم
pollice (m)	ibhām (m)	إبهام
mignolo (m)	ẋunṣur (m)	خنصر
unghia (f)	ẓufr (m)	ظفر
pugno (m)	qabḍa (f)	قبضة
palmo (m)	kaff (f)	كفّ
polso (m)	miʿṣam (m)	معصم
avambraccio (m)	sāʿid (m)	ساعد
gomito (m)	mirfaq (m)	مرفق
spalla (f)	katf (f)	كتف
gamba (f)	riʒl (f)	رجل
pianta (f) del piede	qadam (f)	قدم
ginocchio (m)	rukba (f)	ركبة
polpaccio (m)	sammāna (f)	سمّانة
anca (f)	faẋð (f)	فخذ
tallone (m)	ʿaqb (m)	عقب
corpo (m)	ʒism (m)	جسم
pancia (f)	baṭn (m)	بطن
petto (m)	ṣadr (m)	صدر
seno (m)	θady (m)	ثدي
fianco (m)	ʒamb (m)	جنب
schiena (f)	ẓahr (m)	ظهر
zona (f) lombare	asfal aẓ ẓahr (m)	أسفل الظهر
vita (f)	ẋaṣr (m)	خصر
ombelico (m)	surra (f)	سرّة
natiche (f pl)	ardāf (pl)	أرداف
sedere (m)	dubr (m)	دبر
neo (m)	ʃāma (f)	شامة
voglia (f) (~ di fragola)	waḥma	وحمة
tatuaggio (m)	waʃm (m)	وشم
cicatrice (f)	nadba (f)	ندبة

Abbigliamento e Accessori

26. Indumenti. Soprabiti

vestiti (m pl)	malābis (pl)	ملابس
soprabito (m)	malābis fawqāniyya (pl)	ملابس فوقانيّة
abiti (m pl) invernali	malābis ʃitawiyya (pl)	ملابس شتويّة
cappotto (m)	mi'ṭaf (m)	معطف
pelliccia (f)	mi'ṭaf farw (m)	معطف فرو
pellicciotto (m)	ʒakīt farw (m)	جاكيت فرو
piumino (m)	ḥaʃiyyat rīʃ (m)	حشية ريش
giubbotto (m), giaccha (f)	ʒakīt (m)	جاكيت
impermeabile (m)	mi'ṭaf lil maṭar (m)	معطف للمطر
impermeabile (agg)	ṣāmid lil mā'	صامد للماء

27. Men's & women's clothing

camicia (f)	qamīṣ (m)	قميص
pantaloni (m pl)	banṭalūn (m)	بنطلون
jeans (m pl)	ʒīnz (m)	جينز
giacca (f) (~ di tweed)	sutra (f)	سترة
abito (m) da uomo	badla (f)	بدلة
abito (m)	fustān (m)	فستان
gonna (f)	tannūra (f)	تنّورة
camicetta (f)	blūza (f)	بلوزة
giacca (f) a maglia	kardigān (m)	كارديجان
giacca (f) tailleur	ʒakīt (m)	جاكيت
maglietta (f)	ti ʃirt (m)	تي شيرت
pantaloni (m pl) corti	ʃūrt (m)	شورت
tuta (f) sportiva	badlat at tadrīb (f)	بدلة التدريب
accappatoio (m)	θawb ḥammām (m)	ثوب حمّام
pigiama (m)	biʒāma (f)	بيجاما
maglione (m)	bulūvir (m)	بلوفر
pullover (m)	bulūvir (m)	بلوفر
gilè (m)	ṣudayriy (m)	صديريّ
frac (m)	badlat sahra (f)	بدلة سهرة
smoking (m)	smūkin (m)	سموكن
uniforme (f)	zayy muwaḥḥad (m)	زي موحّد
tuta (f) da lavoro	θiyāb al 'amal (m)	ثياب العمل
salopette (f)	uvirūl (m)	اوفرول
camice (m) (~ del dottore)	θawb (m)	ثوب

28. Abbigliamento. Biancheria intima

biancheria (f) intima	malābis dāxiliyya (pl)	ملابس داخليّة
boxer (m pl)	sirwāl dāxiliy riӡāliy (m)	سروال داخلي رجاليّ
mutandina (f)	sirwāl dāxiliy nisā'iy (m)	سروال داخلي نسائيّ
maglietta (f) intima	qamīṣ bila aqmām (m)	قميص بلا أكمام
calzini (m pl)	ӡawārib (pl)	جوارب
camicia (f) da notte	qamīṣ nawm (m)	قميص نوم
reggiseno (m)	ḥammālat ṣadr (f)	حمّالة صدر
calzini (m pl) alti	ӡawārib ṭawīla (pl)	جوارب طويلة
collant (m)	ӡawārib kulūn (pl)	جوارب كولون
calze (f pl)	ӡawārib nisā'iyya (pl)	جوارب نسائية
costume (m) da bagno	libās sibāḥa (m)	لباس سباحة

29. Copricapo

cappello (m)	qubba'a (f)	قبّعة
cappello (m) di feltro	burnayṭa (f)	برنيطة
cappello (m) da baseball	kāb baysbūl (m)	كاب بيسبول
coppola (f)	qubba'a musaṭṭaḥa (f)	قبّعة مسطحة
basco (m)	birīh (m)	بريه
cappuccio (m)	γiṭā' (m)	غطاء
panama (m)	qubba'at banāma (f)	قبّعة بناما
berretto (m) a maglia	qubbā'a maḥbūka (m)	قبّعة محبوكة
fazzoletto (m) da capo	'īʃārb (m)	إيشارب
cappellino (m) donna	burnayṭa (f)	برنيطة
casco (m) (~ di sicurezza)	xūða (f)	خوذة
bustina (f)	kāb (m)	كاب
casco (m) (~ moto)	xūða (f)	خوذة
bombetta (f)	qubba'at dirbi (f)	قبّعة ديربي
cilindro (m)	qubba'a 'āliya (f)	قبّعة عالية

30. Calzature

calzature (f pl)	aḥðiya (pl)	أحذية
stivaletti (m pl)	ӡazma (f)	جزمة
scarpe (f pl)	ӡazma (f)	جزمة
stivali (m pl)	būt (m)	بوت
pantofole (f pl)	ʃibʃib (m)	شبشب
scarpe (f pl) da tennis	ḥiðā' riyāḍiy (m)	حذاء رياضيّ
scarpe (f pl) da ginnastica	kutʃi (m)	كوتشي
sandali (m pl)	ṣandal (pl)	صندل
calzolaio (m)	iskāfiy (m)	إسكافيّ
tacco (m)	ka'b (m)	كعب

paio (m)	zawʒ (m)	زوج
laccio (m)	ʃarīṭ (m)	شريط
allacciare (vt)	rabaṭ	ربط
calzascarpe (m)	labbāsat ḥiðā' (f)	لبّاسة حذاء
lucido (m) per le scarpe	warnīʃ al ḥiðā' (m)	ورنيش الحذاء

31. Accessori personali

guanti (m pl)	quffāz (m)	قفّاز
manopole (f pl)	quffāz muɣlaq (m)	قفّاز مغلق
sciarpa (f)	ʃjārb (m)	إيشارب

occhiali (m pl)	nazẓāra (f)	نظّارة
montatura (f)	iṭār (m)	إطار
ombrello (m)	ʃamsiyya (f)	شمسيّة
bastone (m)	'aṣa (f)	عصا
spazzola (f) per capelli	furʃat ʃa'r (f)	فرشة شعر
ventaglio (m)	mirwaḥa yadawiyya (f)	مروحة يدويّة

cravatta (f)	karavatta (f)	كرافتة
cravatta (f) a farfalla	babyūn (m)	ببيون
bretelle (f pl)	ḥammāla (f)	حمّالة
fazzoletto (m)	mandīl (m)	منديل

pettine (m)	miʃṭ (m)	مشط
fermaglio (m)	dabbūs (m)	دبّوس
forcina (f)	bansa (f)	بنسة
fibbia (f)	bukla (f)	بكلة

cintura (f)	ḥizām (m)	حزام
spallina (f)	ḥammalat al katf (f)	حمّالة الكتف

borsa (f)	ʃanṭa (f)	شنطة
borsetta (f)	ʃanṭat yad (f)	شنطة يد
zaino (m)	ḥaqībat ẓahr (f)	حقيبة ظهر

32. Abbigliamento. Varie

moda (f)	mūḍa (f)	موضة
di moda	fil mūḍa	في الموضة
stilista (m)	muṣammim azyā' (m)	مصمّم أزياء

collo (m)	yāqa (f)	ياقة
tasca (f)	ʒayb (m)	جيب
tascabile (agg)	ʒayb	جيب
manica (f)	kumm (m)	كمّ
asola (f) per appendere	'allāqa (f)	علّاقة
patta (f) (~ dei pantaloni)	lisān (m)	لسان

cerniera (f) lampo	zimām munzaliq (m)	زمام منزلق
chiusura (f)	miʃbak (m)	مشبك
bottone (m)	zirr (m)	زرّ

| occhiello (m) | 'urwa (f) | عروة |
| staccarsi (un bottone) | waqaʿ | وقع |

cucire (vi, vt)	xāṭ	خاط
ricamare (vi, vt)	ṭarraz	طرّز
ricamo (m)	taṭrīz (m)	تطريز
ago (m)	ibra (f)	إبرة
filo (m)	xayṭ (m)	خيط
cucitura (f)	darz (m)	درز

sporcarsi (vr)	tawassax	توسّخ
macchia (f)	buqʿa (f)	بقعة
sgualcirsi (vr)	takarmaʃ	تكرمش
strappare (vt)	qaṭṭaʿ	قطّع
tarma (f)	'uθθa (f)	عثّة

33. Cura della persona. Cosmetici

dentifricio (m)	maʿʒūn asnān (m)	معجون أسنان
spazzolino (m) da denti	furʃat asnān (f)	فرشة أسنان
lavarsi i denti	naẓẓaf al asnān	نظّف الأسنان

rasoio (m)	mūs ḥilāqa (m)	موس حلاقة
crema (f) da barba	krīm ḥilāqa (m)	كريم حلاقة
rasarsi (vr)	ḥalaq	حلق

| sapone (m) | ṣābūn (m) | صابون |
| shampoo (m) | ʃāmbū (m) | شامبو |

forbici (f pl)	maqaṣṣ (m)	مقصّ
limetta (f)	mibrad (f)	مبرد
tagliaunghie (m)	milqaṭ (m)	ملقط
pinzette (f pl)	milqaṭ (m)	ملقط

cosmetica (f)	mawādd at taʒmīl (pl)	موادّ التجميل
maschera (f) di bellezza	mask (m)	ماسك
manicure (m)	manikūr (m)	مانيكور
fare la manicure	ʿamal manikūr	عمل مانيكور
pedicure (m)	badikīr (m)	باديكير

borsa (f) del trucco	ḥaqībat adawāt at taʒmīl (f)	حقيبة أدوات التجميل
cipria (f)	budrat waʒh (f)	بودرة وجه
portacipria (m)	'ulbat būdra (f)	علبة بودرة
fard (m)	aḥmar xudūd (m)	أحمر خدود

profumo (m)	'iṭr (m)	عطر
acqua (f) da toeletta	kulūnya (f)	كولونيا
lozione (f)	lusiyun (m)	لوسيون
acqua (f) di Colonia	kulūniya (f)	كولونيا

ombretto (m)	ay ʃaduw (m)	اي شادو
eyeliner (m)	kuḥl al ʿuyūn (m)	كحل العيون
mascara (m)	maskara (f)	ماسكارا
rossetto (m)	aḥmar ʃifāh (m)	أحمر شفاه

smalto (m)	mulammiʿ al aẓāfir (m)	ملمِّع الاظافر
lacca (f) per capelli	muθabbit aʃʃaʿr (m)	مثبت الشعر
deodorante (m)	muzīl rawāʾiḥ (m)	مزيل روائح

crema (f)	krīm (m)	كريم
crema (f) per il viso	krīm lil waʒh (m)	كريم للوجه
crema (f) per le mani	krīm lil yadayn (m)	كريم لليدين
crema (f) antirughe	krīm muḍādd lit taʒāʾīd (m)	كريم مضادّ للتجاعيد
crema (f) da giorno	krīm an nahār (m)	كريم النهار
crema (f) da notte	krīm al layl (m)	كريم الليل
da giorno	nahāriy	نهاريّ
da notte	layliy	ليلي

tampone (m)	tambūn (m)	تانبون
carta (f) igienica	waraq ḥammām (m)	ورق حمّام
fon (m)	muʒaffif ʃaʿr (m)	مجفف شعر

34. Orologi da polso. Orologio

orologio (m) (~ da polso)	sāʿa (f)	ساعة
quadrante (m)	waʒh as sāʿa (m)	وجه الساعة
lancetta (f)	ʿaqrab as sāʿa (m)	عقرب الساعة
braccialetto (m)	siwār sāʿa maʿdaniyya (m)	سوار ساعة معدنية
cinturino (m)	siwār sāʿa (m)	سوار ساعة

pila (f)	baṭṭāriyya (f)	بطّاريّة
essere scarico	tafarraɣ	تفرّغ
cambiare la pila	ɣayyar al baṭṭāriyya	غيّر البطّاريّة
andare avanti	sabaq	سبق
andare indietro	taʾaxxar	تأخّر

orologio (m) da muro	sāʿat ḥāʾiṭ (f)	ساعة حائط
clessidra (f)	sāʿa ramliyya (f)	ساعة رمليّة
orologio (m) solare	sāʿa ʃamsiyya (f)	ساعة شمسيّة
sveglia (f)	munabbih (m)	منبّه
orologiaio (m)	saʿātiy (m)	ساعاتيّ
riparare (vt)	aṣlaḥ	أصلح

Cibo. Alimentazione

35. Cibo

Italiano	Traslitterazione	Arabo
carne (f)	laḥm (m)	لحم
pollo (m)	daȝāȝ (m)	دجاج
pollo (m) novello	farrūȝ (m)	فروج
anatra (f)	baṭṭa (f)	بطة
oca (f)	iwazza (f)	إوزة
cacciagione (f)	ṣayd (m)	صيد
tacchino (m)	daȝāȝ rūmiy (m)	دجاج رومي
maiale (m)	laḥm al xinzīr (m)	لحم الخنزير
vitello (m)	laḥm il 'iȝl (m)	لحم العجل
agnello (m)	laḥm aḍ ḍa'n (m)	لحم الضأن
manzo (m)	laḥm al baqar (m)	لحم البقر
coniglio (m)	arnab (m)	أرنب
salame (m)	suȝuq (m)	سجق
w?rstel (m)	suȝuq (m)	سجق
pancetta (f)	bikūn (m)	بيكن
prosciutto (m)	hām (m)	هام
prosciutto (m) affumicato	faxð xinzīr (m)	فخذ خنزير
pâté (m)	ma'ȝūn laḥm (m)	معجون لحم
fegato (m)	kibda (f)	كبدة
carne (f) trita	ḥaʃwa (f)	حشوة
lingua (f)	lisān (m)	لسان
uovo (m)	bayḍa (f)	بيضة
uova (f pl)	bayḍ (m)	بيض
albume (m)	bayāḍ al bayḍ (m)	بياض البيض
tuorlo (m)	ṣafār al bayḍ (m)	صفار البيض
pesce (m)	samak (m)	سمك
frutti (m pl) di mare	fawākih al baḥr (pl)	فواكه البحر
caviale (m)	kaviyār (m)	كافيار
granchio (m)	salṭa'ūn (m)	سلطعون
gamberetto (m)	ȝambari (m)	جمبري
ostrica (f)	maḥār (m)	محار
aragosta (f)	karkand ʃāik (m)	كركند شائك
polpo (m)	uxṭubūṭ (m)	أخطبوط
calamaro (m)	kalmāri (m)	كالماري
storione (m)	samak al ḥaʃʃ (m)	سمك الحفش
salmone (m)	salmūn (m)	سلمون
ippoglosso (m)	samak al halbūt (m)	سمك الهلبوت
merluzzo (m)	samak al qudd (m)	سمك القد
scombro (m)	usqumriy (m)	أسقمري

tonno (m)	tūna (f)	تونة
anguilla (f)	ḥankalīs (m)	حنكليس
trota (f)	salmūn muraqqaṭ (m)	سلمون مرقّط
sardina (f)	sardīn (m)	سردين
luccio (m)	samak al karāki (m)	سمك الكراكي
aringa (f)	rinʒa (f)	رنجة
pane (m)	χubz (m)	خبز
formaggio (m)	ʒubna (f)	جبنة
zucchero (m)	sukkar (m)	سكّر
sale (m)	milḥ (m)	ملح
riso (m)	urz (m)	أرز
pasta (f)	makarūna (f)	مكرونة
tagliatelle (f pl)	nūdlis (f)	نودلز
burro (m)	zubda (f)	زبدة
olio (m) vegetale	zayt (m)	زيت
olio (m) di girasole	zayt ʻabīd aʃ ʃams (m)	زيت عبيد الشمس
margarina (f)	marɣarīn (m)	مرغرين
olive (f pl)	zaytūn (m)	زيتون
olio (m) d'oliva	zayt az zaytūn (m)	زيت الزيتون
latte (m)	ḥalīb (m)	حليب
latte (m) condensato	ḥalīb mukaθθaf (m)	حليب مكثّف
yogurt (m)	yūɣurt (m)	يوغورت
panna (f) acida	krīma ḥāmiḍa (f)	كريمة حامضة
panna (f)	krīma (f)	كريمة
maionese (m)	mayunīz (m)	مايونيز
crema (f)	krīmat zubda (f)	كريمة زبدة
cereali (m pl)	ḥubūb (pl)	حبوب
farina (f)	daqīq (m)	دقيق
cibi (m pl) in scatola	muʻallabāt (pl)	معلّبات
fiocchi (m pl) di mais	kurn fliks (m)	كورن فليكس
miele (m)	ʻasal (m)	عسل
marmellata (f)	murabba (m)	مربّى
gomma (f) da masticare	ʻilk (m)	علك

36. Bevande

acqua (f)	mā' (m)	ماء
acqua (f) potabile	mā' ʃurb (m)	ماء شرب
acqua (f) minerale	mā' maʻdaniy (m)	ماء معدنيّ
liscia (non gassata)	bi dūn ɣāz	بدون غاز
gassata (agg)	mukarban	مكربن
frizzante (agg)	bil ɣāz	بالغاز
ghiaccio (m)	θalʒ (m)	ثلج
con ghiaccio	biθ θalʒ	بالثلج

analcolico (agg)	bi dūn kuḥūl	بدون كحول
bevanda (f) analcolica	maʃrūb ɣāziy (m)	مشروب غازي
bibita (f)	maʃrūb muθallaʒ (m)	مشروب مثلج
limonata (f)	ʃarāb laymūn (m)	شراب ليمون
bevande (f pl) alcoliche	maʃrūbāt kuḥūliyya (pl)	مشروبات كحوليّة
vino (m)	nabīð (f)	نبيذ
vino (m) bianco	nibīð abyaḍ (m)	نبيذ أبيض
vino (m) rosso	nabīð aḥmar (m)	نبيذ أحمر
liquore (m)	liqiūr (m)	ليكيور
champagne (m)	ʃambāniya (f)	شمبانيا
vermouth (m)	virmut (m)	فيرموت
whisky	wiski (m)	وسكي
vodka (f)	vudka (f)	فودكا
gin (m)	ʒīn (m)	جين
cognac (m)	kunyāk (m)	كونياك
rum (m)	rum (m)	رم
caffè (m)	qahwa (f)	قهوة
caffè (m) nero	qahwa sāda (f)	قهوة سادة
caffè latte (m)	qahwa bil ḥalīb (f)	قهوة بالحليب
cappuccino (m)	kaputʃīnu (m)	كابتشينو
caffè (m) solubile	niskafi (m)	نيسكافيه
latte (m)	ḥalīb (m)	حليب
cocktail (m)	kuktayl (m)	كوكتيل
frullato (m)	milk ʃyk (m)	ميلك شيك
succo (m)	'aṣīr (m)	عصير
succo (m) di pomodoro	'aṣīr ṭamāṭim (m)	عصير طماطم
succo (m) d'arancia	'aṣīr burtuqāl (m)	عصير برتقال
spremuta (f)	'aṣīr ṭāziʒ (m)	عصير طازج
birra (f)	bīra (f)	بيرة
birra (f) chiara	bīra xafīfa (f)	بيرة خفيفة
birra (f) scura	bīra ɣāmiqa (f)	بيرة غامقة
tè (m)	ʃāy (m)	شاي
tè (m) nero	ʃāy aswad (m)	شاي أسود
tè (m) verde	ʃāy axḍar (m)	شاي أخضر

37. Verdure

ortaggi (m pl)	xuḍar (pl)	خضار
verdura (f)	xuḍrawāt waraqiyya (pl)	خضروات ورقيّة
pomodoro (m)	ṭamāṭim (f)	طماطم
cetriolo (m)	xiyār (m)	خيار
carota (f)	ʒazar (m)	جزر
patata (f)	baṭāṭis (f)	بطاطس
cipolla (f)	baṣal (m)	بصل
aglio (m)	θūm (m)	ثوم

cavolo (m)	kurumb (m)	كرنب
cavolfiore (m)	qarnabīṭ (m)	قرنبيط
cavoletti (m pl) di Bruxelles	kurumb brūksil (m)	كرنب بروكسل
broccolo (m)	brukuli (m)	بركولي
barbabietola (f)	banǧar (m)	بنجر
melanzana (f)	bātinǧān (m)	باذنجان
zucchina (f)	kūsa (f)	كوسة
zucca (f)	qarʻ (m)	قرع
rapa (f)	lift (m)	لفت
prezzemolo (m)	baqdūnis (m)	بقدونس
aneto (m)	ʃabat (m)	شبت
lattuga (f)	χass (m)	خس
sedano (m)	karafs (m)	كرفس
asparago (m)	halyūn (m)	هليون
spinaci (m pl)	sabāniχ (m)	سبانخ
pisello (m)	bisilla (f)	بسلة
fave (f pl)	fūl (m)	فول
mais (m)	ðura (f)	ذرة
fagiolo (m)	faṣūliya (f)	فاصوليا
peperone (m)	filfil (m)	فلفل
ravanello (m)	fiǧl (m)	فجل
carciofo (m)	χurʃūf (m)	خرشوف

38. Frutta. Noci

frutto (m)	fākiha (f)	فاكهة
mela (f)	tuffāḥa (f)	تفاحة
pera (f)	kummaθra (f)	كمثرى
limone (m)	laymūn (m)	ليمون
arancia (f)	burtuqāl (m)	برتقال
fragola (f)	farawla (f)	فراولة
mandarino (m)	yūsufiy (m)	يوسفي
prugna (f)	barqūq (m)	برقوق
pesca (f)	durrāq (m)	دراق
albicocca (f)	miʃmiʃ (m)	مشمش
lampone (m)	tūt al ʻullayq al aḥmar (m)	توت العليق الأحمر
ananas (m)	ananās (m)	أناناس
banana (f)	mawz (m)	موز
anguria (f)	baṭṭīχ aḥmar (m)	بطيخ أحمر
uva (f)	ʻinab (m)	عنب
amarena (f), ciliegia (f)	karaz (m)	كرز
melone (m)	baṭṭīχ aṣfar (f)	بطيخ أصفر
pompelmo (m)	zinbāʻ (m)	زنباع
avocado (m)	avukādu (f)	افوكاتو
papaia (f)	babāya (m)	بابايا
mango (m)	mangu (m)	مانجو
melagrana (f)	rummān (m)	رمان

ribes (m) rosso	kiʃmiʃ aḥmar (m)	كشمش أحمر
ribes (m) nero	'inab aθ θa'lab al aswad (m)	عنب الثعلب الأسود
uva (f) spina	'inab aθ θa'lab (m)	عنب الثعلب
mirtillo (m)	'inab al aḥrāʒ (m)	عنب الأحراج
mora (f)	θamar al 'ullayk (m)	ثمر العلّيق
uvetta (f)	zabīb (m)	زبيب
fico (m)	tīn (m)	تين
dattero (m)	tamr (m)	تمر
arachide (f)	fūl sudāniy (m)	فول سودانيّ
mandorla (f)	lawz (m)	لوز
noce (f)	'ayn al ʒamal (f)	عين الجمل
nocciola (f)	bunduq (m)	بندق
noce (f) di cocco	ʒawz al hind (m)	جوز هند
pistacchi (m pl)	fustuq (m)	فستق

39. Pane. Dolci

pasticceria (f)	ḥalawiyyāt (pl)	حلويّات
pane (m)	xubz (m)	خبز
biscotti (m pl)	baskawīt (m)	بسكويت
cioccolato (m)	ʃukulāta (f)	شكولاتة
al cioccolato (agg)	biʃ ʃukulāta	بالشكولاتة
caramella (f)	bumbūn (m)	بونبون
tortina (f)	ka'k (m)	كعك
torta (f)	tūrta (f)	تورتة
crostata (f)	faṭīra (f)	فطيرة
ripieno (m)	ḥaʃwa (f)	حشوة
marmellata (f)	murabba (m)	مربّى
marmellata (f) di agrumi	marmalād (f)	مرملاد
wafer (m)	wāfil (m)	وافل
gelato (m)	muθallaʒāt (pl)	مثلّجات
budino (m)	būding (m)	بودنج

40. Pietanze cucinate

piatto (m) (~ principale)	waʒba (f)	وجبة
cucina (f)	maṭbax (m)	مطبخ
ricetta (f)	waṣfa (f)	وصفة
porzione (f)	waʒba (f)	وجبة
insalata (f)	sulṭa (f)	سلطة
minestra (f)	ʃūrba (f)	شوربة
brodo (m)	maraq (m)	مرق
panino (m)	sandawitʃ (m)	ساندويتش
uova (f pl) al tegamino	bayḍ maqliy (m)	بيض مقلي
hamburger (m)	hamburger (m)	هامبورجر

Italian	Translitterazione	Arabo
bistecca (f)	biftīk (m)	بفتيك
contorno (m)	ṭabaq ʒānibiy (m)	طبق جانبيّ
spaghetti (m pl)	spaɣitti (m)	سباغيتي
purè (m) di patate	harīs baṭāṭis (m)	هريس بطاطس
pizza (f)	bītza (f)	بيتزا
porridge (m)	ʿaṣīda (f)	عصيدة
frittata (f)	bayḍ maxfūq (m)	بيض مخفوق
bollito (agg)	maslūq	مسلوق
affumicato (agg)	mudaxxin	مدخّن
fritto (agg)	maqliy	مقليّ
secco (agg)	muʒaffaf	مجفّف
congelato (agg)	muʒammad	مجمّد
sottoaceto (agg)	muxallil	مخلّل
dolce (gusto)	musakkar	مسكّر
salato (agg)	māliḥ	مالح
freddo (agg)	bārid	بارد
caldo (agg)	sāxin	ساخن
amaro (agg)	murr	مرّ
buono, gustoso (agg)	laðīð	لذيذ
cuocere, preparare (vt)	ṭabax	طبخ
cucinare (vi)	ḥaḍḍar	حضّر
friggere (vt)	qala	قلي
riscaldare (vt)	saxxan	سخّن
salare (vt)	mallaḥ	ملّح
pepare (vt)	falfal	فلفل
grattugiare (vt)	baʃar	بشر
buccia (f)	qiʃra (f)	قشرة
sbucciare (vt)	qaʃʃar	قشّر

41. Spezie

Italian	Translitterazione	Arabo
sale (m)	milḥ (m)	ملح
salato (agg)	māliḥ	مالح
salare (vt)	mallaḥ	ملّح
pepe (m) nero	filfil aswad (m)	فلفل أسود
peperoncino (m)	filfil aḥmar (m)	فلفل أحمر
senape (f)	ṣalṣat al xardal (f)	صلصة الخردل
cren (m)	fiʒl ḥārr (m)	فجل حارّ
condimento (m)	tābil (m)	تابل
spezie (f pl)	bahār (m)	بهار
salsa (f)	ṣalṣa (f)	صلصة
aceto (m)	xall (m)	خلّ
anice (m)	yānsūn (m)	يانسون
basilico (m)	rīḥān (m)	ريحان
chiodi (m pl) di garofano	qurumful (m)	قرنفل
zenzero (m)	zanʒabīl (m)	زنجبيل
coriandolo (m)	kuzbara (f)	كزبرة

cannella (f)	qirfa (f)	قرفة
sesamo (m)	simsim (m)	سمسم
alloro (m)	awrāq al ɣār (pl)	أوراق الغار
paprica (f)	babrika (f)	بابريكا
cumino (m)	karāwiya (f)	كراوية
zafferano (m)	za'farān (m)	زعفران

42. Pasti

cibo (m)	akl (m)	أكل
mangiare (vi, vt)	akal	أكل

colazione (f)	fuṭūr (m)	فطور
fare colazione	afṭar	أفطر
pranzo (m)	ɣadā' (m)	غداء
pranzare (vi)	taɣadda	تغدّى
cena (f)	'aʃā' (m)	عشاء
cenare (vi)	ta'aʃʃa	تعشّى

appetito (m)	ʃahiyya (f)	شهيّة
Buon appetito!	hanī'an marī'an!	هنيئًا مريئًا!

aprire (vt)	fataḥ	فتح
rovesciare (~ il vino, ecc.)	dalaq	دلق
rovesciarsi (vr)	indalaq	إندلق
bollire (vi)	ɣala	غلى
far bollire	ɣala	غلى
bollito (agg)	maɣliy	مغليّ
raffreddare (vt)	barrad	برّد
raffreddarsi (vr)	tabarrad	تبرّد

gusto (m)	ṭa'm (m)	طعم
retrogusto (m)	al maðāq al 'āliq fil fam (m)	المذاق العالق فى الفم

essere a dieta	faqad al wazn	فقد الوزن
dieta (f)	ḥimya ɣaðā'iyya (f)	حمية غذائية
vitamina (f)	vitamīn (m)	فيتامين
caloria (f)	su'ra ḥarāriyya (f)	سعرة حراريّة
vegetariano (m)	nabātiy (m)	نباتيّ
vegetariano (agg)	nabātiy	نباتيّ

grassi (m pl)	duhūn (pl)	دهون
proteine (f pl)	brutināt (pl)	بروتينات
carboidrati (m pl)	naʃawiyyāt (pl)	نشويّات
fetta (f), fettina (f)	ʃarīḥa (f)	شريحة
pezzo (m) (~ di torta)	qiṭ'a (f)	قطعة
briciola (f) (~ di pane)	futāta (f)	فتاتة

43. Preparazione della tavola

cucchiaio (m)	mil'aqa (f)	ملعقة
coltello (m)	sikkīn (m)	سكّين

forchetta (f)	šawka (f)	شوكة
tazza (f)	finǧān (m)	فنجان
piatto (m)	ṭabaq (m)	طبق
piattino (m)	ṭabaq finǧān (m)	طبق فنجان
tovagliolo (m)	mandīl (m)	منديل
stuzzicadenti (m)	xallat asnān (f)	خلة أسنان

44. Ristorante

ristorante (m)	maṭ'am (m)	مطعم
caffè (m)	kafé (m), maqha (m)	كافيه، مقهى
pub (m), bar (m)	bār (m)	بار
sala (f) da tè	ṣālun šāy (m)	صالون شاي
cameriere (m)	nādil (m)	نادل
cameriera (f)	nādila (f)	نادلة
barista (m)	bārman (m)	بارمان
menù (m)	qā'imat aṭ ṭa'ām (f)	قائمة طعام
lista (f) dei vini	qā'imat al xumūr (f)	قائمة خمور
prenotare un tavolo	haǧaz mā'ida	حجز مائدة
piatto (m)	waǧba (f)	وجبة
ordinare (~ il pranzo)	ṭalab	طلب
fare un'ordinazione	ṭalab	طلب
aperitivo (m)	šarāb (m)	شراب
antipasto (m)	muqabbilāt (pl)	مقبّلات
dolce (m)	ḥalawiyyāt (pl)	حلويّات
conto (m)	ḥisāb (m)	حساب
pagare il conto	dafa' al ḥisāb	دفع الحساب
dare il resto	a'ṭa al bāqi	أعطى الباقي
mancia (f)	baqšīš (m)	بقشيش

Famiglia, parenti e amici

45. Informazioni personali. Moduli

nome (m)	ism (m)	إسم
cognome (m)	ism al 'ā'ila (m)	إسم العائلة
data (f) di nascita	tarīx al mīlād (m)	تاريخ الميلاد
luogo (m) di nascita	makān al mīlād (m)	مكان الميلاد
nazionalità (f)	ʒinsiyya (f)	جنسية
domicilio (m)	maqarr al iqāma (m)	مقر الإقامة
paese (m)	balad (m)	بلد
professione (f)	mihna (f)	مهنة
sesso (m)	ʒins (m)	جنس
statura (f)	ṭūl (m)	طول
peso (m)	wazn (m)	وزن

46. Membri della famiglia. Parenti

madre (f)	umm (f)	أم
padre (m)	ab (m)	أب
figlio (m)	ibn (m)	إبن
figlia (f)	ibna (f)	إبنة
figlia (f) minore	al ibna aṣ ṣaɣīra (f)	الإبنة الصغيرة
figlio (m) minore	al ibn aṣ ṣaɣīr (m)	الابن الصغير
figlia (f) maggiore	al ibna al kabīra (f)	الإبنة الكبيرة
figlio (m) maggiore	al ibn al kabīr (m)	الإبن الكبير
fratello (m)	ax (m)	أخ
fratello (m) maggiore	al ax al kabīr (m)	الأخ الكبير
fratello (m) minore	al ax aṣ ṣaɣīr (m)	الأخ الصغير
sorella (f)	uxt (f)	أخت
sorella (f) maggiore	al uxt al kabīra (f)	الأخت الكبيرة
sorella (f) minore	al uxt aṣ ṣaɣīra (f)	الأخت الصغيرة
cugino (m)	ibn 'amm (m), ibn xāl (m)	إبن عمّ, إبن خال
cugina (f)	ibnat 'amm (f), ibnat xāl (f)	إبنة عمّ, إبنة خال
mamma (f)	mama (f)	ماما
papà (m)	baba (m)	بابا
genitori (m pl)	wālidān (du)	والدان
bambino (m)	ṭifl (m)	طفل
bambini (m pl)	aṭfāl (pl)	أطفال
nonna (f)	ʒidda (f)	جدّة
nonno (m)	ʒadd (m)	جدّ
nipote (m) (figlio di un figlio)	ḥafīd (m)	حفيد

nipote (f)	ḥafīda (f)	حفيدة
nipoti (pl)	aḥfād (pl)	أحفاد
zio (m)	'amm (m), χāl (m)	عمّ, خال
zia (f)	'amma (f), χāla (f)	عمّة, خالة
nipote (m) (figlio di un fratello)	ibn al aχ (m), ibn al uχt (m)	إبن الأخ, إبن الأخت
nipote (f)	ibnat al aχ (f), ibnat al uχt (f)	إبنة الأخ, إبنة الأخت
suocera (f)	ḥamātt (f)	حماة
suocero (m)	ḥamm (m)	حم
genero (m)	zawʒ al ibna (m)	زوج الأبنة
matrigna (f)	zawʒat al ab (f)	زوجة الأب
patrigno (m)	zawʒ al umm (m)	زوج الأمّ
neonato (m)	ṭifl raḍī' (m)	طفل رضيع
infante (m)	mawlūd (m)	مولود
bimbo (m), ragazzino (m)	walad ṣaɣīr (m)	ولد صغير
moglie (f)	zawʒa (f)	زوجة
marito (m)	zawʒ (m)	زوج
coniuge (m)	zawʒ (m)	زوج
coniuge (f)	zawʒa (f)	زوجة
sposato (agg)	mutazawwiʒ	متزوّج
sposata (agg)	mutazawwiʒa	متزوّجة
celibe (agg)	a'zab	أعزب
scapolo (m)	a'zab (m)	أعزب
divorziato (agg)	muṭallaq (m)	مطلق
vedova (f)	armala (f)	أرملة
vedovo (m)	armal (m)	أرمل
parente (m)	qarīb (m)	قريب
parente (m) stretto	nasīb qarīb (m)	نسيب قريب
parente (m) lontano	nasīb ba'īd (m)	نسيب بعيد
parenti (m pl)	aqārib (pl)	أقارب
orfano (m), orfana (f)	yatīm (m)	يتيم
tutore (m)	waliyy amr (m)	وليّ أمر
adottare (~ un bambino)	tabanna	تبنّى
adottare (~ una bambina)	tabanna	تبنّى

Medicinali

47. Malattie

malattia (f)	maraḍ (m)	مرض
essere malato	maraḍ	مرض
salute (f)	ṣiḥḥa (f)	صحّة
raffreddore (m)	zukām (m)	زكام
tonsillite (f)	iltihāb al lawzatayn (m)	التهاب اللوزتين
raffreddore (m)	bard (m)	برد
raffreddarsi (vr)	aṣābahu al bard	أصابه البرد
bronchite (f)	iltihāb al qaṣabāt (m)	إلتهاب القصبات
polmonite (f)	iltihāb ar ri'atayn (m)	التهاب الرئتين
influenza (f)	inflūnza (f)	إنفلونزا
miope (agg)	qaṣīr an naẓar	قصير النظر
presbite (agg)	ba'īd an naẓar	بعيد النظر
strabismo (m)	ḥawal (m)	حول
strabico (agg)	aḥwal	أحول
cateratta (f)	katarakt (f)	كاتاراكت
glaucoma (m)	glawkūma (f)	جلوكوما
ictus (m) cerebrale	sakta (f)	سكتة
attacco (m) di cuore	iḥtifā' (m)	إحتشاء
infarto (m) miocardico	nawba qalbiya (f)	نوبة قلبية
paralisi (f)	ʃalal (m)	شلل
paralizzare (vt)	ʃall	شلّ
allergia (f)	ḥassāsiyya (f)	حسّاسيّة
asma (f)	rabw (m)	ربو
diabete (m)	ad dā' as sukkariy (m)	الداء السكّريّ
mal (m) di denti	alam al asnān (m)	ألم الأسنان
carie (f)	naxar al asnān (m)	نخر الأسنان
diarrea (f)	ishāl (m)	إسهال
stitichezza (f)	imsāk (m)	إمساك
disturbo (m) gastrico	'usr al haḍm (m)	عسر الهضم
intossicazione (f) alimentare	tasammum (m)	تسمّم
intossicarsi (vr)	tasammam	تسمّم
artrite (f)	iltihāb al mafāṣil (m)	إلتهاب المفاصل
rachitide (f)	kusāḥ al aṭfāl (m)	كساح الأطفال
reumatismo (m)	riumatizm (m)	روماتزم
aterosclerosi (f)	taṣṣallub aʃʃarayīn (m)	تصلّب الشرايين
gastrite (f)	iltihāb al ma'ida (m)	إلتهاب المعدة
appendicite (f)	iltihāb az zā'ida ad dūdiyya (m)	إلتهاب الزائدة الدوديّة

colecistite (f)	iltihāb al marāra (m)	إلتهاب المرارة
ulcera (f)	qurḥa (f)	قرحة
morbillo (m)	maraḍ al ḥaṣba (m)	مرض الحصبة
rosolia (f)	ḥaṣba almāniyya (f)	حصبة ألمانية
itterizia (f)	yaraqān (m)	يرقان
epatite (f)	iltihāb al kabd al vayrūsiy (m)	إلتهاب الكبد الفيروسيّ
schizofrenia (f)	ʃizufrīniya (f)	شيزوفرينيا
rabbia (f)	dāʾ al kalb (m)	داء الكلب
nevrosi (f)	ʿiṣāb (m)	عصاب
commozione (f) cerebrale	irtiʒāʒ al muχχ (m)	إرتجاج المخ
cancro (m)	saraṭān (m)	سرطان
sclerosi (f)	taṣṣallub (m)	تصلّب
sclerosi (f) multipla	taṣṣallub mutaʿaddid (m)	تصلّب متعدد
alcolismo (m)	idmān al χamr (m)	إدمان الخمر
alcolizzato (m)	mudmin al χamr (m)	مدمن الخمر
sifilide (f)	sifilis az zuhariy (m)	سفلس الزهري
AIDS (m)	al aydz (m)	الايدز
tumore (m)	waram (m)	ورم
maligno (agg)	χabīθ	خبيث
benigno (agg)	ḥamīd (m)	حميد
febbre (f)	ḥumma (f)	حمّى
malaria (f)	malāriya (f)	ملاريا
cancrena (f)	ɣanɣrīna (f)	غنغرينا
mal (m) di mare	duwār al baḥr (m)	دوار البحر
epilessia (f)	maraḍ aṣ ṣarʿ (m)	مرض الصرع
epidemia (f)	wabāʾ (m)	وباء
tifo (m)	tīfus (m)	تيفوس
tubercolosi (f)	maraḍ as sull (m)	مرض السلّ
colera (m)	kulīra (f)	كوليرا
peste (f)	ṭāʿūn (m)	طاعون

48. Sintomi. Cure. Parte 1

sintomo (m)	ʿaraḍ (m)	عرض
temperatura (f)	ḥarāra (f)	حرارة
febbre (f) alta	ḥumma (f)	حمّى
polso (m)	nabḍ (m)	نبض
capogiro (m)	dawχa (f)	دوخة
caldo (agg)	ḥārr	حارّ
brivido (m)	nafaḍān (m)	نفضان
pallido (un viso ~)	aṣfar	أصفر
tosse (f)	suʿāl (m)	سعال
tossire (vi)	saʿal	سعل
starnutire (vi)	ʿaṭas	عطس
svenimento (m)	iɣmāʾ (m)	إغماء

svenire (vi)	ɣumiya 'alayh	غمي عليه
livido (m)	kadma (f)	كدمة
bernoccolo (m)	tawarrum (m)	تورّم
farsi un livido	iṣṭadam	إصطدم
contusione (f)	raḍḍ (m)	رضّ
farsi male	taraḍḍaḍ	ترضّض
zoppicare (vi)	'araʒ	عرج
slogatura (f)	χalʿ (m)	خلع
slogarsi (vr)	χalaʿ	خلع
frattura (f)	kasr (m)	كسر
fratturarsi (vr)	inkasar	إنكسر
taglio (m)	ʒurḥ (m)	جرح
tagliarsi (vr)	ʒaraḥ nafsah	جرح نفسه
emorragia (f)	nazf (m)	نزف
scottatura (f)	ḥarq (m)	حرق
scottarsi (vr)	taʃayyat	تشيّط
pungere (vt)	waχaz	وخز
pungersi (vr)	waχaz nafsah	وخز نفسه
ferire (vt)	aṣāb	أصاب
ferita (f)	iṣāba (f)	إصابة
lesione (f)	ʒurḥ (m)	جرح
trauma (m)	ṣadma (f)	صدمة
delirare (vi)	haða	هذى
tartagliare (vi)	tala'sam	تلعثم
colpo (m) di sole	ḍarbat ʃams (f)	ضربة شمس

49. Sintomi. Cure. Parte 2

dolore (m), male (m)	alam (m)	ألم
scheggia (f)	ʃaẓiyya (f)	شظيّة
sudore (m)	'irq (m)	عرق
sudare (vi)	'ariq	عرق
vomito (m)	taqayyuʿ (m)	تقيّؤ
convulsioni (f pl)	taʃannuʒāt (pl)	تشنّجات
incinta (agg)	ḥāmil	حامل
nascere (vi)	wulid	وُلد
parto (m)	wilāda (f)	ولادة
essere in travaglio di parto	walad	ولد
aborto (m)	iʒhāḍ (m)	إجهاض
respirazione (f)	tanaffus (m)	تنفّس
inspirazione (f)	istinʃāq (m)	إستنشاق
espirazione (f)	zafīr (m)	زفير
espirare (vi)	zafar	زفر
inspirare (vi)	istanʃaq	إستنشق
invalido (m)	muʿāq (m)	معاق
storpio (m)	muqʿad (m)	مقعد

drogato (m)	mudmin muχaddirāt (m)	مدمن مخدّرات
sordo (agg)	aṭraʃ	أطرش
muto (agg)	aχras	أخرس
sordomuto (agg)	aṭraʃ aχras	أطرش أخرس
matto (agg)	maʒnūn (m)	مجنون
matto (m)	maʒnūn (m)	مجنون
matta (f)	maʒnūna (f)	مجنونة
impazzire (vi)	ʒunn	جنّ
gene (m)	ʒīn (m)	جين
immunità (f)	manāʻa (f)	مناعة
ereditario (agg)	wirāθiy	وراثي
innato (agg)	χilqiy munð al wilāda	خلقي منذ الولادة
virus (m)	virūs (m)	فيروس
microbo (m)	mikrūb (m)	ميكروب
batterio (m)	ʒurθūma (f)	جرثومة
infezione (f)	ʻadwa (f)	عدوى

50. Sintomi. Cure. Parte 3

ospedale (m)	mustaʃfa (m)	مستشفى
paziente (m)	marīḍ (m)	مريض
diagnosi (f)	taʃχīṣ (m)	تشخيص
cura (f)	ʻilāʒ (m)	علاج
trattamento (m)	ʻilāʒ (m)	علاج
curarsi (vr)	taʻālaʒ	تعالج
curare (vt)	ʻālaʒ	عالج
accudire (un malato)	marraḍ	مرّض
assistenza (f)	ʻināya (f)	عناية
operazione (f)	ʻamaliyya ʒaraḥiyya (f)	عمليّة جرحيّة
bendare (vt)	ḍammad	ضمّد
fasciatura (f)	taḍmīd (m)	تضميد
vaccinazione (f)	talqīḥ (m)	تلقيح
vaccinare (vt)	laqqaḥ	لقّح
iniezione (f)	ḥuqna (f)	حقنة
fare una puntura	ḥaqan ibra	حقن إبرة
attacco (m) (~ epilettico)	nawba (f)	نوبة
amputazione (f)	batr (m)	بتر
amputare (vt)	batar	بتر
coma (m)	γaybūba (f)	غيبوبة
essere in coma	kān fi ḥālat γaybūba	كان في حالة غيبوبة
rianimazione (f)	al ʻināya al murakkaza (f)	العناية المركّزة
guarire (vi)	ʃufiy	شفي
stato (f) (del paziente)	ḥāla (f)	حالة
conoscenza (f)	waʻy (m)	وعي
memoria (f)	ðākira (f)	ذاكرة
estrarre (~ un dente)	χalaʻ	خلع

otturazione (f)	ḥaʃw (m)	حشو
otturare (vt)	ḥaʃa	حشا
ipnosi (f)	at tanwīm al maɣnaṭīsiy (m)	التنويم المغناطيسيّ
ipnotizzare (vt)	nawwam	نوّم

51. Medici

medico (m)	ṭabīb (m)	طبيب
infermiera (f)	mumarriḍa (f)	ممرّضة
medico (m) personale	duktūr ʃaxṣiy (m)	دكتور شخصيّ
dentista (m)	ṭabīb al asnān (m)	طبيب الأسنان
oculista (m)	ṭabīb al ʿuyūn (m)	طبيب العيون
internista (m)	ṭabīb bāṭiniy (m)	طبيب باطنيّ
chirurgo (m)	ʒarrāḥ (m)	جرّاح
psichiatra (m)	ṭabīb nafsiy (m)	طبيب نفسيّ
pediatra (m)	ṭabīb al aṭfāl (m)	طبيب الأطفال
psicologo (m)	sikulūʒiy (m)	سيكولوجيّ
ginecologo (m)	ṭabīb an nisāʾ (m)	طبيب النساء
cardiologo (m)	ṭabīb al qalb (m)	طبيب القلب

52. Medicinali. Farmaci. Accessori

medicina (f)	dawāʾ (m)	دواء
rimedio (m)	ʿilāʒ (m)	علاج
prescrivere (vt)	waṣaf	وصف
prescrizione (f)	waṣfa (f)	وصفة
compressa (f)	qurṣ (m)	قرص
unguento (m)	marham (m)	مرهم
fiala (f)	ambūla (f)	أمبولة
pozione (f)	dawāʾ ʃarāb (m)	دواء شراب
sciroppo (m)	ʃarāb (m)	شراب
pillola (f)	ḥabba (f)	حبّة
polverina (f)	ðarūr (m)	ذرور
benda (f)	ḍammāda (f)	ضمادة
ovatta (f)	quṭn (m)	قطن
iodio (m)	yūd (m)	يود
cerotto (m)	blāstir (m)	بلاستر
contagocce (m)	māṣṣat al bastara (f)	ماصّة البسترة
termometro (m)	tirmūmitr (m)	ترمومتر
siringa (f)	miḥqana (f)	محقنة
sedia (f) a rotelle	kursiy mutaḥarrik (m)	كرسيّ متحرّك
stampelle (f pl)	ʿukkāzān (du)	عكّازان
analgesico (m)	musakkin (m)	مسكّن
lassativo (m)	mulayyin (m)	ملين

alcol (m)	iθanūl (m)	إيثانول
erba (f) officinale	a'ʃāb ṭibbiyya (pl)	أعشاب طبية
d'erbe (infuso ~)	'uʃbiy	عشبِي

HABITAT UMANO

Città

53. Città. Vita di città

Italiano	Traslitterazione	Arabo
città (f)	madīna (f)	مدينة
capitale (f)	ʿāṣima (f)	عاصمة
villaggio (m)	qarya (f)	قرية
mappa (f) della città	xarīṭat al madīna (f)	خريطة المدينة
centro (m) della città	markaz al madīna (m)	مركز المدينة
sobborgo (m)	ḍāḥiya (f)	ضاحية
suburbano (agg)	aḍ ḍawāḥi	الضواحي
periferia (f)	aṭrāf al madīna (pl)	أطراف المدينة
dintorni (m pl)	ḍawāḥi al madīna (pl)	ضواحي المدينة
isolato (m)	ḥayy (m)	حي
quartiere residenziale	ḥayy sakaniy (m)	حي سكني
traffico (m)	ḥarakat al murūr (f)	حركة المرور
semaforo (m)	iʃārāt al murūr (pl)	إشارات المرور
trasporti (m pl) urbani	wasāʾil an naql (pl)	وسائل النقل
incrocio (m)	taqāṭuʿ (m)	تقاطع
passaggio (m) pedonale	maʿbar al muʃāt (m)	معبر المشاة
sottopassaggio (m)	nafaq muʃāt (m)	نفق مشاة
attraversare (vt)	ʿabar	عبر
pedone (m)	māʃi (m)	ماش
marciapiede (m)	raṣīf (m)	رصيف
ponte (m)	ʒisr (m)	جسر
banchina (f)	kurnīʃ (m)	كورنيش
fontana (f)	nāfūra (f)	نافورة
vialetto (m)	mamʃa (m)	ممشى
parco (m)	ḥadīqa (f)	حديقة
boulevard (m)	bulvār (m)	بولفار
piazza (f)	maydān (m)	ميدان
viale (m), corso (m)	ʃāriʿ (m)	شارع
via (f), strada (f)	ʃāriʿ (m)	شارع
vicolo (m)	zuqāq (m)	زقاق
vicolo (m) cieco	ṭarīq masdūd (m)	طريق مسدود
casa (f)	bayt (m)	بيت
edificio (m)	mabna (m)	مبنى
grattacielo (m)	nāṭiḥat saḥāb (f)	ناطحة سحاب
facciata (f)	wāʒiha (f)	واجهة
tetto (m)	saqf (m)	سقف

finestra (f)	ʃubbāk (m)	شبّاك
arco (m)	qaws (m)	قوس
colonna (f)	ʿamūd (m)	عمود
angolo (m)	zāwiya (f)	زاوية

vetrina (f)	vatrīna (f)	فترينة
insegna (f) (di negozi, ecc.)	lāfita (f)	لافتة
cartellone (m)	mulṣaq (m)	ملصق
cartellone (m) pubblicitario	mulṣaq iʿlāniy (m)	ملصق إعلاني
tabellone (m) pubblicitario	lawḥat iʿlānāt (f)	لوحة إعلانات

pattume (m), spazzatura (f)	zubāla (f)	زبالة
pattumiera (f)	ṣundūq zubāla (m)	صندوق زبالة
sporcare (vi)	rama zubāla	رمى زبالة
discarica (f) di rifiuti	mazbala (f)	مزبلة

cabina (f) telefonica	kuʃk tilifūn (m)	كشك تليفون
lampione (m)	ʿamūd al miṣbāḥ (m)	عمود المصباح
panchina (f)	dikka (f), kursiy (m)	دكّة, كرسي

poliziotto (m)	ʃurṭiy (m)	شرطيّ
polizia (f)	ʃurṭa (f)	شرطة
mendicante (m)	ʃaḥḥāð (m)	شحّاذ
barbone (m)	mutaʃarrid (m)	متشرّد

54. Servizi cittadini

negozio (m)	maḥall (m)	محلّ
farmacia (f)	ṣaydaliyya (f)	صيدليّة
ottica (f)	al adawāt al baṣariyya (pl)	الأدوات البصريّة
centro (m) commerciale	markaz tiʒāriy (m)	مركز تجاريّ
supermercato (m)	subirmarkit (m)	سوبرماركت

panetteria (f)	maxbaz (m)	مخبز
fornaio (m)	xabbāz (m)	خبّاز
pasticceria (f)	dukkān ḥalawāniy (m)	دكّان حلواني
drogheria (f)	baqqāla (f)	بقّالة
macelleria (f)	malḥama (f)	ملحمة

fruttivendolo (m)	dukkān xuḍār (m)	دكّان خضار
mercato (m)	sūq (f)	سوق

caffè (m)	kafé (m), maqha (m)	كافيه, مقهى
ristorante (m)	maṭʿam (m)	مطعم
birreria (f), pub (m)	ḥāna (f)	حانة
pizzeria (f)	maṭʿam pizza (m)	مطعم بيتزا

salone (m) di parrucchiere	ṣālūn ḥilāqa (m)	صالون حلاقة
ufficio (m) postale	maktab al barīd (m)	مكتب البريد
lavanderia (f) a secco	tanẓīf ʒāff (m)	تنظيف جافّ
studio (m) fotografico	istūdiyu taṣwīr (m)	إستوديو تصوير

negozio (m) di scarpe	maḥall aḥðiya (m)	محلّ أحذية
libreria (f)	maḥall kutub (m)	محلّ كتب

Italiano	Traslitterazione	Arabo
negozio (m) sportivo	maḥall riyāḍiy (m)	محلّ رياضيّ
riparazione (f) di abiti	maḥall xiyāṭat malābis (m)	محلّ خياطة ملابس
noleggio (m) di abiti	maḥall ta'ӡīr malābis rasmiyya (m)	محلّ تأجير ملابس رسمية
noleggio (m) di film	maḥal ta'ӡīr vidiyu (m)	محلّ تأجير فيديو
circo (m)	sirk (m)	سيرك
zoo (m)	ḥadīqat al ḥayawān (f)	حديقة حيوان
cinema (m)	sinima (f)	سينما
museo (m)	matḥaf (m)	متحف
biblioteca (f)	maktaba (f)	مكتبة
teatro (m)	masraḥ (m)	مسرح
teatro (m) dell'opera	ubra (f)	أوبرا
locale notturno (m)	malha layliy (m)	ملهى ليليّ
casinò (m)	kazinu (m)	كازينو
moschea (f)	masӡid (m)	مسجد
sinagoga (f)	kanīs ma'bad yahūdiy (m)	كنيس معبد يهوديّ
cattedrale (f)	katidrā'iyya (f)	كاتدرائيّة
tempio (m)	ma'bad (m)	معبد
chiesa (f)	kanīsa (f)	كنيسة
istituto (m)	kulliyya (f)	كلّيّة
università (f)	ӡāmi'a (f)	جامعة
scuola (f)	madrasa (f)	مدرسة
prefettura (f)	muqāṭa'a (f)	مقاطعة
municipio (m)	baladiyya (f)	بلديّة
albergo, hotel (m)	funduq (m)	فندق
banca (f)	bank (m)	بنك
ambasciata (f)	safāra (f)	سفارة
agenzia (f) di viaggi	ʃarikat siyāḥa (f)	شركة سياحة
ufficio (m) informazioni	maktab al isti'lāmāt (m)	مكتب الإستعلامات
ufficio (m) dei cambi	ṣarrāfa (f)	صرّافة
metropolitana (f)	mitru (m)	مترو
ospedale (m)	mustaʃfa (m)	مستشفى
distributore (m) di benzina	maḥaṭṭat banzīn (f)	محطّة بنزين
parcheggio (m)	mawqif as sayyārāt (m)	موقف السيارات

55. Cartelli

Italiano	Traslitterazione	Arabo
insegna (f) (di negozi, ecc.)	lāfita (f)	لافتة
iscrizione (f)	bayān (m)	بيان
cartellone (m)	mulṣaq i'lāniy (m)	ملصق إعلانيّ
segnale (m) di direzione	'alāmat ittiӡāh (f)	علامة إتّجاه
freccia (f)	'alāmat iʃāra (f)	علامة إشارة
avvertimento (m)	taḥðīr (m)	تحذير
avviso (m)	lāfitat taḥðīr (f)	لافتة تحذير
avvertire, avvisare (vt)	ḥaððar	حذّر

giorno (m) di riposo	yawm 'uṭla (m)	يوم عطلة
orario (m)	ʒadwal (m)	جدول
orario (m) di apertura	awqāt al 'amal (pl)	أوقات العمل
BENVENUTI!	ahlan wa sahlan!	أهلًا وسهلًا
ENTRATA	duχūl	دخول
USCITA	χurūʒ	خروج
SPINGERE	idfaʻ	إدفع
TIRARE	isḥab	إسحب
APERTO	maftūḥ	مفتوح
CHIUSO	muɣlaq	مغلق
DONNE	lis sayyidāt	للسيدات
UOMINI	lir riʒāl	للرجال
SCONTI	χaṣm	خصم
SALDI	taχfīḍāt	تخفيضات
NOVITÀ!	ʒadīd!	جديد!
GRATIS	maʒʒānan	مجّانًا
ATTENZIONE!	intibāh!	إنتباه!
COMPLETO	kull al amākin maḥʒūza	كل الأماكن محجوزة
RISERVATO	maḥʒūz	محجوز
AMMINISTRAZIONE	idāra	إدارة
RISERVATO AL PERSONALE	lil ʻāmilīn faqaṭ	للعاملين فقط
ATTENTI AL CANE	iḥðar wuʒūd al kalb	إحذر وجود الكلب
VIETATO FUMARE!	mamnūʻ at tadχīn	ممنوع التدخين
NON TOCCARE	'adam al lams	عدم اللمس
PERICOLOSO	χaṭīr	خطير
PERICOLO	χaṭar	خطر
ALTA TENSIONE	tayyār ʻāli	تيّار عالي
DIVIETO DI BALNEAZIONE	as sibāḥa mamnūʻa	السباحة ممنوعة
GUASTO	muʻaṭṭal	معطّل
INFIAMMABILE	sarīʻ al iʃtiʻāl	سريع الإشتعال
VIETATO	mamnūʻ	ممنوع
VIETATO L'INGRESSO	mamnūʻ al murūr	ممنوع المرور
VERNICE FRESCA	iḥðar ṭilāʼ ɣayr ʒāff	إحذر طلاء غير جاف

56. Mezzi pubblici in città

autobus (m)	bāṣ (m)	باص
tram (m)	trām (m)	ترام
filobus (m)	truli bāṣ (m)	ترولي باص
itinerario (m)	χaṭṭ (m)	خط
numero (m)	raqm (m)	رقم
andare in ...	rakib ...	ركب...
salire (~ sull'autobus)	rakib	ركب

scendere da …	nazil min	نزل من
fermata (f) (~ dell'autobus)	mawqif (m)	موقف
prossima fermata (f)	al maḥaṭṭa al qādima (f)	المحطّة القادمة
capolinea (m)	āxir maḥaṭṭa (f)	آخر محطّة
orario (m)	ʒadwal (m)	جدول
aspettare (vt)	intaẓar	إنتظر
biglietto (m)	taðkira (f)	تذكرة
prezzo (m) del biglietto	uʒra (f)	أجرة
cassiere (m)	ṣarrāf (m)	صرّاف
controllo (m) dei biglietti	taftīʃ taðkira (m)	تفتيش تذكرة
bigliettaio (m)	mufattiʃ taðākir (m)	مفتّش تذاكر
essere in ritardo	ta'axxar	تأخّر
perdere (~ il treno)	ta'axxar	تأخّر
avere fretta	ista'ʒal	إستعجل
taxi (m)	taksi (m)	تاكسي
taxista (m)	sā'iq taksi (m)	سائق تاكسي
in taxi	bit taksi	بالتاكسي
parcheggio (m) di taxi	mawqif taksi (m)	موقف تاكسي
chiamare un taxi	kallam tāksi	كلّم تاكسي
prendere un taxi	axað taksi	أخذ تاكسي
traffico (m)	ḥarakat al murūr (f)	حركة المرور
ingorgo (m)	zaḥmat al murūr (f)	زحمة المرور
ore (f pl) di punta	sā'at að ðurwa (f)	ساعة الذروة
parcheggiarsi (vr)	awqaf	أوقف
parcheggiare (vt)	awqaf	أوقف
parcheggio (m)	mawqif as sayyārāt (m)	موقف السيّارات
metropolitana (f)	mitru (m)	مترو
stazione (f)	maḥaṭṭa (f)	محطّة
prendere la metropolitana	rakib al mitru	ركب المترو
treno (m)	qiṭār (m)	قطار
stazione (f) ferroviaria	maḥaṭṭat qiṭār (f)	محطّة قطار

57. Visita turistica

monumento (m)	timθāl (m)	تمثال
fortezza (f)	qal'a (f), ḥiṣn (m)	قلعة، حصن
palazzo (m)	qaṣr (m)	قصر
castello (m)	qal'a (f)	قلعة
torre (f)	burʒ (m)	برج
mausoleo (m)	ḍarīḥ (m)	ضريح
architettura (f)	handasa mi'māriyya (f)	هندسة معماريّة
medievale (agg)	min al qurūn al wusṭa	من القرون الوسطى
antico (agg)	qadīm	قديم
nazionale (agg)	waṭaniy	وطنيّ
famoso (agg)	maʃhūr	مشهور
turista (m)	sā'iḥ (m)	سائح
guida (f)	murʃid (m)	مرشد

escursione (f)	ʒawla (f)	جولة
fare vedere	'araḍ	عرض
raccontare (vt)	ḥaddaθ	حدّث
trovare (vt)	waʒad	وجد
perdersi (vr)	ḍā'	ضاع
mappa (f) (~ della metropolitana)	χarīṭa (f)	خريطة
piantina (f) (~ della città)	χarīṭa (f)	خريطة
souvenir (m)	tiðkār (m)	تذكار
negozio (m) di articoli da regalo	maḥall hadāya (m)	محلّ هدايا
fare foto	ṣawwar	صوّر
fotografarsi	taṣawwar	تصوّر

58. Acquisti

comprare (vt)	iʃtara	إشترى
acquisto (m)	ʃay' (m)	شيء
fare acquisti	iʃtara	إشترى
shopping (m)	ʃubinɣ (m)	شوبينغ
essere aperto (negozio)	maftūḥ	مفتوح
essere chiuso	muɣlaq	مغلق
calzature (f pl)	aḥðiya (pl)	أحذية
abbigliamento (m)	malābis (pl)	ملابس
cosmetica (f)	mawādd at taʒmīl (pl)	موادّ التجميل
alimentari (m pl)	ma'kūlāt (pl)	مأكولات
regalo (m)	hadiyya (f)	هديّة
commesso (m)	bā'i' (m)	بائع
commessa (f)	bā'i'a (f)	بائعة
cassa (f)	ṣundū' ad daf' (m)	صندوق الدفع
specchio (m)	mir'āt (f)	مرآة
banco (m)	minḍada (f)	منضدة
camerino (m)	ɣurfat al qiyās (f)	غرفة القياس
provare (~ un vestito)	ʒarrab	جرّب
stare bene (vestito)	nāsab	ناسب
piacere (vi)	a'ʒab	أعجب
prezzo (m)	si'r (m)	سعر
etichetta (f) del prezzo	tikit as si'r (m)	تيكت السعر
costare (vt)	kallaf	كلّف
Quanto?	bikam?	بكم؟
sconto (m)	χaṣm (m)	خصم
no muy caro (agg)	ɣayr ɣāli	غير غال
a buon mercato	raχīṣ	رخيص
caro (agg)	ɣāli	غال
È caro	haða ɣāli	هذا غال

noleggio (m)	isti'ʒār (m)	إستئجار
noleggiare (~ un abito)	ista'ʒar	إستأجر
credito (m)	i'timān (m)	إئتمان
a credito	bid dayn	بالدين

59. Denaro

soldi (m pl)	nuqūd (pl)	نقود
cambio (m)	taḥwīl 'umla (m)	تحويل عملة
corso (m) di cambio	si'r aṣ ṣarf (m)	سعر الصرف
bancomat (m)	ṣarrāf 'āliy (m)	صرّاف آليّ
moneta (f)	qiṭ'a naqdiyya (f)	قطعة نقديّة
dollaro (m)	dulār (m)	دولار
euro (m)	yuru (m)	يورو
lira (f)	lira iṭāliyya (f)	ليرة إيطالية
marco (m)	mark almāniy (m)	مارك ألماني
franco (m)	frank (m)	فرنك
sterlina (f)	ʒunayh istirlīniy (m)	جنيه استرلينيّ
yen (m)	yīn (m)	ين
debito (m)	dayn (m)	دين
debitore (m)	mudīn (m)	مدين
prestare (~ i soldi)	sallaf	سلّف
prendere in prestito	istalaf	إستلف
banca (f)	bank (m)	بنك
conto (m)	ḥisāb (m)	حساب
versare (vt)	awda'	أودع
versare sul conto	awda' fil ḥisāb	أودع في الحساب
prelevare dal conto	saḥab min al ḥisāb	سحب من الحساب
carta (f) di credito	biṭāqat i'timān (f)	بطاقة إئتمان
contanti (m pl)	nuqūd (pl)	نقود
assegno (m)	ʃīk (m)	شيك
emettere un assegno	katab ʃīk	كتب شيكًا
libretto (m) di assegni	daftar ʃīkāt (m)	دفتر شيكات
portafoglio (m)	maḥfaẓat ʒīb (f)	محفظة جيب
borsellino (m)	maḥfaẓat fakka (f)	محفظة فكّة
cassaforte (f)	xizāna (f)	خزانة
erede (m)	wāris (m)	وارث
eredità (f)	wirāθa (f)	وراثة
fortuna (f)	θarwa (f)	ثروة
affitto (m), locazione (f)	īʒār (m)	إيجار
canone (m) d'affitto	uʒrat as sakan (f)	أجرة السكن
affittare (dare in affitto)	ista'ʒar	إستأجر
prezzo (m)	si'r (m)	سعر
costo (m)	θaman (m)	ثمن
somma (f)	mablaɣ (m)	مبلغ

spendere (vt)	ṣaraf	صرف
spese (f pl)	maṣārīf (pl)	مصاريف
economizzare (vi, vt)	waffar	وفّر
economico (agg)	muwaffir	موفّر
pagare (vi, vt)	dafaʻ	دفع
pagamento (m)	dafʻ (m)	دفع
resto (m) (dare il ~)	al bāqi (m)	الباقي
imposta (f)	ḍarība (f)	ضريبة
multa (f), ammenda (f)	ɣarāma (f)	غرامة
multare (vt)	faraḍ ɣarāma	فرض غرامة

60. Posta. Servizio postale

ufficio (m) postale	maktab al barīd (m)	مكتب البريد
posta (f) (lettere, ecc.)	al barīd (m)	البريد
postino (m)	sāʻi al barīd (m)	ساعي البريد
orario (m) di apertura	awqāt al ʻamal (pl)	أوقات العمل
lettera (f)	risāla (f)	رسالة
raccomandata (f)	risāla musaʒʒala (f)	رسالة مسجّلة
cartolina (f)	biṭāqa barīdiyya (f)	بطاقة بريدية
telegramma (m)	barqiyya (f)	برقية
pacco (m) postale	ṭard (m)	طرد
vaglia (m) postale	ḥawāla māliyya (f)	حوالة ماليّة
ricevere (vt)	istalam	إستلم
spedire (vt)	arsal	أرسل
invio (m)	irsāl (m)	إرسال
indirizzo (m)	ʻunwān (m)	عنوان
codice (m) postale	raqm al barīd (m)	رقم البريد
mittente (m)	mursil (m)	مرسل
destinatario (m)	mursal ilayh (m)	مرسل إليه
nome (m)	ism (m)	إسم
cognome (m)	ism al ʻāʼila (m)	إسم العائلة
tariffa (f)	taʻrīfa (f)	تعريفة
ordinario (agg)	ʻādiy	عاديَ
standard (agg)	muwaffir	موفّر
peso (m)	wazn (m)	وزن
pesare (vt)	wazan	وزن
busta (f)	ẓarf (m)	ظرف
francobollo (m)	ṭābiʻ (m)	طابع
affrancare (vt)	alṣaq ṭābiʻ	ألصق طابعا

Abitazione. Casa

61. Casa. Elettricità

elettricità (f)	kahrabā' (m)	كهرباء
lampadina (f)	lamba (f)	لمبة
interruttore (m)	miftāḥ (m)	مفتاح
fusibile (m)	fāṣima (f)	فاصمة
filo (m)	silk (m)	سلك
impianto (m) elettrico	aslāk (pl)	أسلاك
contatore (m) dell'elettricità	'addād (m)	عدّاد
lettura, indicazione (f)	qirā'a (f)	قراءة

62. Villa. Palazzo

casa (f) di campagna	bayt rīfiyy (m)	بيت ريفيّ
villa (f)	villa (f)	فيلا
ala (f)	ʒanāḥ (m)	جناح
giardino (m)	ḥadīqa (f)	حديقة
parco (m)	ḥadīqa (f)	حديقة
serra (f)	dafi'a (f)	دفيئة
prendersi cura (~ del giardino)	ihtamm	إهتمّ
piscina (f)	masbaḥ (m)	مسبح
palestra (f)	qā'at at tamrīnāt (f)	قاعة التمرينات
campo (m) da tennis	mal'ab tinis (m)	ملعب تنس
home cinema (m)	sinima manziliyya (f)	سينما منزلية
garage (m)	qarāʒ (m)	جراج
proprietà (f) privata	milkiyya xāṣṣa (f)	ملكيّة خاصّة
terreno (m) privato	arḍ xāṣṣa (m)	أرض خاصّة
avvertimento (m)	taḥðīr (m)	تحذير
cartello (m) di avvertimento	lāfitat taḥðīr (f)	لافتة تحذير
sicurezza (f)	ḥirāsa (f)	حراسة
guardia (f) giurata	ḥāris amn (m)	حارس أمن
allarme (f) antifurto	ʒihāð inðār (m)	جهاز انذار

63. Appartamento

appartamento (m)	ʃaqqa (f)	شقّة
camera (f), stanza (f)	ɣurfa (f)	غرفة

camera (f) da letto	ɣurfat an nawm (f)	غرفة النوم
sala (f) da pranzo	ɣurfat il akl (f)	غرفة الأكل
salotto (m)	ṣālat al istiqbāl (f)	صالة الإستقبال
studio (m)	maktab (m)	مكتب
ingresso (m)	madχal (m)	مدخل
bagno (m)	ḥammām (m)	حمّام
gabinetto (m)	ḥammām (m)	حمّام
soffitto (m)	saqf (m)	سقف
pavimento (m)	arḍ (f)	أرض
angolo (m)	zāwiya (f)	زاوية

64. Arredamento. Interno

mobili (m pl)	aθāθ (m)	أثاث
tavolo (m)	maktab (m)	مكتب
sedia (f)	kursiy (m)	كرسيّ
letto (m)	sarīr (m)	سرير
divano (m)	kanaba (f)	كنبة
poltrona (f)	kursiy (m)	كرسيّ
libreria (f)	χizānat kutub (f)	خزانة كتب
ripiano (m)	raff (m)	رفّ
armadio (m)	dūlāb (m)	دولاب
attaccapanni (m) da parete	ʃammāʿa (f)	شمّاعة
appendiabiti (m) da terra	ʃammāʿa (f)	شمّاعة
comò (m)	dulāb adrāʒ (m)	دولاب أدراج
tavolino (m) da salotto	ṭāwilat al qahwa (f)	طاولة القهوة
specchio (m)	mirʾāt (f)	مرآة
tappeto (m)	siʒāda (f)	سجادة
tappetino (m)	siʒāda (f)	سجادة
camino (m)	midfaʾa ḥāʾiṭiyya (f)	مدفأة حائطيّة
candela (f)	ʃamʿa (f)	شمعة
candeliere (m)	ʃamʿadān (m)	شمعدان
tende (f pl)	satāʾir (pl)	ستائر
carta (f) da parati	waraq ḥīṭān (m)	ورق حيطان
tende (f pl) alla veneziana	haṣīrat ʃubbāk (f)	حصيرة شبّاك
lampada (f) da tavolo	miṣbāḥ aṭ ṭāwila (m)	مصباح الطاولة
lampada (f) da parete	miṣbāḥ al ḥāʾiṭ (f)	مصباح الحائط
lampada (f) a stelo	miṣbāḥ arḍiy (m)	مصباح أرضيّ
lampadario (m)	naʒafa (f)	نجفة
gamba (f)	riʒl (f)	رجل
bracciolo (m)	masnad (m)	مسند
spalliera (f)	masnad (m)	مسند
cassetto (m)	durʒ (m)	درج

65. Biancheria da letto

biancheria (f) da letto	bayāḍāt as sarīr (pl)	بياضات السرير
cuscino (m)	wisāda (f)	وسادة
federa (f)	kīs al wisāda (m)	كيس الوسادة
coperta (f)	baṭṭāniyya (f)	بطّانيّة
lenzuolo (m)	milāya (f)	ملاية
copriletto (m)	ɣiṭā' as sarīr (m)	غطاء السرير

66. Cucina

cucina (f)	maṭbax (m)	مطبخ
gas (m)	ɣāz (m)	غاز
fornello (m) a gas	butuɣāz (m)	بوتوغاز
fornello (m) elettrico	furn kaharabā'iy (m)	فرن كهربائيّ
forno (m)	furn (m)	فرن
forno (m) a microonde	furn al mikruwayv (m)	فرن الميكروويف
frigorifero (m)	θallāʒa (f)	ثلاجة
congelatore (m)	frīzir (m)	فريزر
lavastoviglie (f)	ɣassāla (f)	غسّالة
tritacarne (m)	farrāmat laḥm (f)	فرّامة لحم
spremifrutta (f)	'aṣṣāra (f)	عصّارة
tostapane (m)	maḥmaṣat xubz (f)	محمصة خبز
mixer (m)	xallāṭ (m)	خلّاط
macchina (f) da caffè	mākinat ṣan' al qahwa (f)	ماكينة صنع القهوة
caffettiera (f)	kanaka (f)	كنكة
macinacaffè (m)	maṭḥanat qahwa (f)	مطحنة قهوة
bollitore (m)	barrād (m)	برّاد
teiera (f)	barrād aʃ ʃāy (m)	برّاد الشاي
coperchio (m)	ɣiṭā' (m)	غطاء
colino (m) da tè	miṣfāt (f)	مصفاة
cucchiaio (m)	mil'aqa (f)	ملعقة
cucchiaino (m) da tè	mil'aqat ʃāy (f)	ملعقة شاي
cucchiaio (m)	mil'aqa kabīra (f)	ملعقة كبيرة
forchetta (f)	ʃawka (f)	شوكة
coltello (m)	sikkīn (f)	سكّين
stoviglie (f pl)	ṣuḥūn (pl)	صحون
piatto (m)	ṭabaq (m)	طبق
piattino (m)	ṭabaq finʒān (m)	طبق فنجان
cicchetto (m)	ka's (f)	كأس
bicchiere (m) (~ d'acqua)	kubbāya (f)	كبّاية
tazzina (f)	finʒān (m)	فنجان
zuccheriera (f)	sukkariyya (f)	سكّريّة
saliera (f)	mamlaḥa (f)	مملحة
pepiera (f)	mabhara (f)	مبهرة

burriera (f)	ṣuḥn zubda (m)	صحن زبدة
pentola (f)	kassirūlla (f)	كاسرولة
padella (f)	ṭāsa (f)	طاسة
mestolo (m)	miɣrafa (f)	مغرفة
colapasta (m)	miṣfāt (f)	مصفاة
vassoio (m)	ṣīniyya (f)	صينية
bottiglia (f)	zuӡāӡa (f)	زجاجة
barattolo (m) di vetro	barṭamān (m)	برطمان
latta, lattina (f)	tanaka (f)	تنكة
apribottiglie (m)	fattāḥa (f)	فتّاحة
apriscatole (m)	fattāḥa (f)	فتّاحة
cavatappi (m)	barrīma (f)	بريمة
filtro (m)	filtir (m)	فلتر
filtrare (vt)	ṣaffa	صفّى
spazzatura (f)	zubāla (f)	زبالة
pattumiera (f)	ṣundūq az zubāla (m)	صندوق الزبالة

67. Bagno

bagno (m)	ḥammām (m)	حمّام
acqua (f)	mā' (m)	ماء
rubinetto (m)	ḥanafiyya (f)	حنفية
acqua (f) calda	mā' sāχin (m)	ماء ساخن
acqua (f) fredda	mā' bārid (m)	ماء بارد
dentifricio (m)	maʻӡūn asnān (m)	معجون أسنان
lavarsi i denti	nazzaf al asnān	نظّف الأسنان
spazzolino (m) da denti	furʃat asnān (f)	فرشة أسنان
rasarsi (vr)	ḥalaq	حلق
schiuma (f) da barba	raɣwa lil ḥilāqa (f)	رغوة للحلاقة
rasoio (m)	mūs ḥilāqa (m)	موس حلاقة
lavare (vt)	ɣasal	غسل
fare un bagno	istaḥamm	إستحمّ
doccia (f)	dūʃ (m)	دوش
fare una doccia	aχað ad duʃ	أخذ الدش
vasca (f) da bagno	ḥawḍ istiḥmām (m)	حوض استحمام
water (m)	mirḥāḍ (m)	مرحاض
lavandino (m)	ḥawḍ (m)	حوض
sapone (m)	ṣābūn (m)	صابون
porta (m) sapone	ṣabbāna (f)	صبّانة
spugna (f)	līfa (f)	ليفة
shampoo (m)	ʃāmbū (m)	شامبو
asciugamano (m)	fūṭa (f)	فوطة
accappatoio (m)	θawb ḥammām (m)	ثوب حمّام
bucato (m)	ɣasīl (m)	غسيل
lavatrice (f)	ɣassāla (f)	غسّالة

fare il bucato	ɣasal al malābis	غسل الملابس
detersivo (m) per il bucato	mashūq ɣasīl (m)	مسحوق غسيل

68. Elettrodomestici

televisore (m)	tilivizyūn (m)	تليفزيون
registratore (m) a nastro	ʒihāz tasʒīl (m)	جهاز تسجيل
videoregistratore (m)	ʒihāz tasʒīl vidiyu (m)	جهاز تسجيل فيديو
radio (f)	ʒihāz radiyu (m)	جهاز راديو
lettore (m)	blayir (m)	بلير
videoproiettore (m)	ʿāriḍ vidiyu (m)	عارض فيديو
home cinema (m)	sinima manziliyya (f)	سينما منزليّة
lettore (m) DVD	di vi di (m)	دي في دي
amplificatore (m)	mukabbir aṣ ṣawt (m)	مكبّر الصوت
console (f) video giochi	ʾatāri (m)	أتاري
videocamera (f)	kamira vidiyu (f)	كاميرا فيديو
macchina (f) fotografica	kamira (f)	كاميرا
fotocamera (f) digitale	kamira diʒital (f)	كاميرا ديجيتال
aspirapolvere (m)	miknasa kahrabāʾiyya (f)	مكنسة كهربائيّة
ferro (m) da stiro	makwāt (f)	مكواة
asse (f) da stiro	lawḥat kayy (f)	لوحة كيّ
telefono (m)	hātif (m)	هاتف
telefonino (m)	hātif maḥmūl (m)	هاتف محمول
macchina (f) da scrivere	ʾāla katiba (f)	آلة كاتبة
macchina (f) da cucire	ʾālat al xiyāṭa (f)	آلة الخياطة
microfono (m)	mikrufūn (m)	ميكروفون
cuffia (f)	sammāʿāt raʾsiya (pl)	سمّاعات رأسيّة
telecomando (m)	rimuwt kuntrūl (m)	ريموت كنترول
CD (m)	si di (m)	سي دي
cassetta (f)	ʃarīṭ (m)	شريط
disco (m) (vinile)	usṭuwāna (f)	أسطوانة

ATTIVITÀ UMANA

Lavoro. Affari. Parte 1

69. Ufficio. Lavorare in ufficio

uffici (m pl) (gli ~ della società)	maktab (m)	مكتب
ufficio (m)	maktab (m)	مكتب
portineria (f)	istiqbāl (m)	إستقبال
segretario (m)	sikirtīr (m)	سكرتير
direttore (m)	mudīr (m)	مدير
manager (m)	mudīr (m)	مدير
contabile (m)	muḥāsib (m)	محاسب
impiegato (m)	muwaẓẓaf (m)	موظف
mobili (m pl)	aθāθ (m)	أثاث
scrivania (f)	maktab (m)	مكتب
poltrona (f)	kursiy (m)	كرسيّ
cassettiera (f)	waḥdat adrāʒ (f)	وحدة أدراج
appendiabiti (m) da terra	ʃammāʻa (f)	شمّاعة
computer (m)	kumbyūtir (m)	كمبيوتر
stampante (f)	ṭābiʻa (f)	طابعة
fax (m)	faks (m)	فاكس
fotocopiatrice (f)	'ālat nasχ (f)	آلة نسخ
carta (f)	waraq (m)	ورق
cancelleria (f)	adawāt al kitāba (pl)	أدوات الكتابة
tappetino (m) del mouse	wisādat faʼra (f)	وسادة فأرة
foglio (m)	waraqa (f)	ورقة
cartella (f)	malaff (m)	ملفّ
catalogo (m)	fihris (m)	فهرس
elenco (m) del telefono	dalīl at tilifūn (m)	دليل التليفون
documentazione (f)	waθāʼiq (pl)	وثائق
opuscolo (m)	naʃra (f)	نشرة
volantino (m)	manʃūr (m)	منشور
campione (m)	namūðaʒ (m)	نموذج
formazione (f)	iʒtimāʻ tadrīb (m)	إجتماع تدريب
riunione (f)	iʒtimāʻ (m)	إجتماع
pausa (f) pranzo	fatrat al γadāʼ (f)	فترة الغذاء
copiare (vt)	ṣawwar	صوّر
fare copie	ṣawwar	صوّر
ricevere un fax	istalam faks	إستلم فاكس
spedire un fax	arsal faks	أرسل فاكس
telefonare (vi, vt)	ittaṣal	إتصل

rispondere (vi, vt)	radd	ردّ
passare (glielo passo)	waṣṣal	وصّل
fissare (organizzare)	ḥaddad	حدّد
dimostrare (vt)	'araḍ	عرض
essere assente	ɣāb	غاب
assenza (f)	ɣiyāb (m)	غياب

70. Operazioni d'affari. Parte 1

occupazione (f)	ʃuɣl (m)	شغل
ditta (f)	ʃarika (f)	شركة
compagnia (f)	ʃarika (f)	شركة
corporazione (f)	muʾassasa tiӡāriyya (f)	مؤسسة تجارية
impresa (f)	ʃarika (f)	شركة
agenzia (f)	wikāla (f)	وكالة
accordo (m)	ittifāqiyya (f)	إتّفاقيّة
contratto (m)	'aqd (m)	عقد
affare (m)	ṣafqa (f)	صفقة
ordine (m) (ordinazione)	ṭalab (m)	طلب
termine (m) dell'accordo	ʃarṭ (m)	شرط
all'ingrosso	bil ӡumla	بالجملة
all'ingrosso (agg)	al ӡumla	الجملة
vendita (f) all'ingrosso	bayʿ bil ӡumla (m)	بيع بالجملة
al dettaglio (agg)	at taӡziʾa	التجزئة
vendita (f) al dettaglio	bayʿ bit taӡziʾa (m)	بيع بالتجزئة
concorrente (m)	munāfis (m)	منافس
concorrenza (f)	munāfasa (f)	منافسة
competere (vi)	nāfas	نافس
socio (m), partner (m)	ʃarīk (m)	شريك
partenariato (m)	ʃirāka (f)	شراكة
crisi (f)	azma (f)	أزمة
bancarotta (f)	iflās (m)	إفلاس
fallire (vi)	aflas	أفلس
difficoltà (f)	ṣuʿūba (f)	صعوبة
problema (m)	muʃkila (f)	مشكلة
disastro (m)	kāriθa (f)	كارثة
economia (f)	iqtiṣād (m)	إقتصاد
economico (agg)	iqtiṣādiy	إقتصاديّ
recessione (f) economica	rukūd iqtiṣādiy (m)	ركود إقتصاديّ
scopo (m), obiettivo (m)	hadaf (m)	هدف
incarico (m)	muhimma (f)	مهمّة
commerciare (vi)	tāӡir	تاجر
rete (f) (~ di distribuzione)	ʃabaka (f)	شبكة
giacenza (f)	al maxzūn (m)	المخزون
assortimento (m)	taʃkīla (f)	تشكيلة

leader (m), capo (m)	qā'id (m)	قائد
grande (agg)	kabīr	كبير
monopolio (m)	iḥtikār (m)	إحتكار
teoria (f)	naẓariyya (f)	نظريّة
pratica (f)	mumārasa (f)	ممارسة
esperienza (f)	xibra (f)	خبرة
tendenza (f)	ittiʒāh (m)	إتجاه
sviluppo (m)	tanmiya (f)	تنمية

71. Operazioni d'affari. Parte 2

profitto (m)	ribḥ (m)	ربح
profittevole (agg)	murbiḥ	مربح
delegazione (f)	wafd (m)	وفد
stipendio (m)	murattab (m)	مرتّب
correggere (vt)	ṣaḥḥaḥ	صحّح
viaggio (m) d'affari	riḥlat ʿamal (f)	رحلة عمل
commissione (f)	laʒna (f)	لجنة
controllare (vt)	taḥakkam	تحكّم
conferenza (f)	mu'tamar (m)	مؤتمر
licenza (f)	ruxṣa (f)	رخصة
affidabile (agg)	mawθūq	موثوق
iniziativa (f) (progetto nuovo)	mubādara (f)	مبادرة
norma (f)	miʿyār (m)	معيار
circostanza (f)	ẓarf (m)	ظرف
mansione (f)	wāʒib (m)	واجب
impresa (f)	munaẓẓama (f)	منظّمة
organizzazione (f)	tanẓīm (m)	تنظيم
organizzato (agg)	munaẓẓam	منظّم
annullamento (m)	ilɣā' (m)	إلغاء
annullare (vt)	alɣa	ألغى
rapporto (m) (~ ufficiale)	taqrīr (m)	تقرير
brevetto (m)	bara'at al ixtirāʿ (f)	براءة الإختراع
brevettare (vt)	saʒʒal barā'at al ixtirāʿ	سجّل براءة الإختراع
pianificare (vt)	xaṭṭaṭ	خطّط
premio (m)	ʿilāwa (f)	علاوة
professionale (agg)	mihaniy	مهني
procedura (f)	iʒrā' (m)	إجراء
esaminare (~ un contratto)	baḥaθ	بحث
calcolo (m)	ḥisāb (m)	حساب
reputazione (f)	sumʿa (f)	سمعة
rischio (m)	muxāṭara (f)	مخاطرة
dirigere (~ un'azienda)	adār	أدار
informazioni (f pl)	maʿlūmāt (pl)	معلومات
proprietà (f)	milkiyya (f)	ملكيّة

Italiano	Traslitterazione	Arabo
unione (f) (~ Italiana Vini, ecc.)	ittiḥād (m)	إتّحاد
assicurazione (f) sulla vita	ta'mīn 'alal ḥayāt (m)	تأمين على الحياة
assicurare (vt)	amman	أمّن
assicurazione (f)	ta'mīn (m)	تأمين
asta (f)	mazād (m)	مزاد
avvisare (informare)	ablaɣ	أبلغ
gestione (f)	idāra (f)	إدارة
servizio (m)	χidma (f)	خدمة
forum (m)	nadwa (f)	ندوة
funzionare (vi)	adda waẓīfa	أدّى وظيفته
stadio (m) (fase)	marḥala (f)	مرحلة
giuridico (agg)	qānūniy	قانوني
esperto (m) legale	muḥāmi (m)	محام

72. Attività produttiva. Lavori

Italiano	Traslitterazione	Arabo
stabilimento (m)	maṣna' (m)	مصنع
fabbrica (f)	maṣna' (m)	مصنع
officina (f) di produzione	warʃa (f)	ورشة
stabilimento (m)	maṣna' (m)	مصنع
industria (f)	ṣinā'a (f)	صناعة
industriale (agg)	ṣinā'iy	صناعيّ
industria (f) pesante	ṣinā'a θaqīla (f)	صناعة ثقيلة
industria (f) leggera	ṣinā'a χafīfa (f)	صناعة خفيفة
prodotti (m pl)	muntaʒāt (pl)	منتجات
produrre (vt)	antaʒ	أنتج
materia (f) prima	mawādd χām (pl)	موادّ خام
caposquadra (m)	ra'īs al 'ummāl (m)	رئيس العمّال
squadra (f)	farīq al 'ummāl (m)	فريق العمّال
operaio (m)	'āmil (m)	عامل
giorno (m) lavorativo	yawm 'amal (m)	يوم عمل
pausa (f)	rāḥa (f)	راحة
riunione (f)	iʒtimā' (m)	إجتماع
discutere (~ di un problema)	nāqaʃ	ناقش
piano (m)	χiṭṭa (f)	خطّة
eseguire il piano	naffað al χuṭṭa	نفّذ الخطّة
tasso (m) di produzione	mu'addal al intāʒ (m)	معدّل الإنتاج
qualità (f)	ʒawda (f)	جودة
controllo (m)	taftīʃ (m)	تفتيش
controllo (m) di qualità	ḍabṭ al ʒawda (m)	ضبط الجودة
sicurezza (f) sul lavoro	salāmat makān al 'amal (f)	سلامة مكان العمل
disciplina (f)	inḍibāṭ (m)	إنضباط
infrazione (f)	muχālafa (f)	مخالفة
violare (~ le regole)	χālaf	خالف
sciopero (m)	iḍrāb (m)	إضراب

scioperante (m)	muḍrib (m)	مضرب
fare sciopero	aḍrab	أضرب
sindacato (m)	ittiḥād al ʻummāl	إتّحاد العمّال
inventare (vt)	ixtaraʻ	إخترع
invenzione (f)	ixtirāʻ (m)	إختراع
ricerca (f)	baḥθ (m)	بحث
migliorare (vt)	ḥassan	حسّن
tecnologia (f)	tiknulūʒiya (f)	تكنولوجيا
disegno (m) tecnico	rasm taqniy (m)	رسم تقني
carico (m)	ʃaḥn (m)	شحن
caricatore (m)	ḥammāl (m)	حمّال
caricare (~ un camion)	ʃaḥan	شحن
caricamento (m)	taḥmīl (m)	تحميل
scaricare (vt)	afraɣ	أفرغ
scarico (m)	ifrāɣ (m)	إفراغ
trasporto (m)	wasāʼil an naql (pl)	وسائل النقل
società (f) di trasporti	ʃarikat naql (f)	شركة نقل
trasportare (vt)	naqal	نقل
vagone (m) merci	ʻarabat ʃaḥn (f)	عربة شحن
cisterna (f)	xazzān (m)	خزّان
camion (m)	ʃāḥina (f)	شاحنة
macchina (f) utensile	mākina (f)	ماكنة
meccanismo (m)	ʼāliyya (f)	آليّة
rifiuti (m pl) industriali	muxallafāt ṣināʻiyya (pl)	مخلفات صناعية
imballaggio (m)	taʻbiʼa (f)	تعبئة
imballare (vt)	ʻabbaʼ	عبّأ

73. Contratto. Accordo

contratto (m)	ʻaqd (m)	عقد
accordo (m)	ittifāq (m)	إتّفاق
allegato (m)	mulḥaq (m)	ملحق
firmare un contratto	waqqaʻ ʻala ʻaqd	وقّع على عقد
firma (f)	tawqīʻ (m)	توقيع
firmare (vt)	waqqaʻ	وقّع
timbro (m) (su documenti)	xatm (m)	ختم
oggetto (m) del contratto	mawḍūʻ al ʻaqd (m)	موضوع العقد
clausola (f)	band (m)	بند
parti (f pl) (in un contratto)	aṭrāf (pl)	أطراف
sede (f) legale	ʻunwān qānūniy (m)	عنوان قانوني
sciogliere un contratto	xālaf al ʻaqd	خالف العقد
obbligo (m)	iltizām (m)	إلتزام
responsabilità (f)	masʼūliyya (f)	مسؤوليّة
forza (f) maggiore	quwwa qāhira (f)	قوّة قاهرة
discussione (f)	xilāf (m)	خلاف
sanzioni (f pl)	ʻuqūbāt (pl)	عقوبات

74. Import-export

Italian	Traslitterazione	Arabo
importazione (f)	istīrād (m)	إستيراد
importatore (m)	mustawrid (m)	مستورد
importare (vt)	istawrad	إستورد
d'importazione (agg)	wārid	وارد
esportazione (f)	taṣdīr (m)	تصدير
esportatore (m)	muṣaddir (m)	مصدّر
esportare (vt)	ṣaddar	صدّر
d'esportazione (agg)	ṣādir	صادر
merce (f)	baḍā'i' (pl)	بضائع
carico (m)	ʃaḥna (f)	شحنة
peso (m)	wazn (m)	وزن
volume (m)	ḥaʒm (m)	حجم
metro (m) cubo	mitr muka"ab (m)	متر مكعّب
produttore (m)	aʃ ʃarika al muṣni'a (f)	الشركة المصنعة
società (f) di trasporti	ʃarikat naql (f)	شركة نقل
container (m)	ḥāwiya (f)	حاوية
frontiera (f)	ḥadd (m)	حدّ
dogana (f)	ʒamārik (pl)	جمارك
dazio (m) doganale	rasm ʒumrukiy (m)	رسم جمركيّ
doganiere (m)	muwaẓẓaf al ʒamārik (m)	موظّف الجمارك
contrabbando (m)	tahrīb (m)	تهريب
merci (f pl) contrabbandate	biḍā'a muharraba (pl)	بضاعة مهرّبة

75. Mezzi finanziari

Italian	Traslitterazione	Arabo
azione (f)	sahm (m)	سهم
obbligazione (f)	sanad (m)	سند
cambiale (f)	kimbyāla (f)	كمبيالة
borsa (f)	būrṣa (f)	بورصة
quotazione (f)	si'r as sahm (m)	سعر السهم
diminuire di prezzo	raxuṣ	رخص
aumentare di prezzo	ɣala	غلى
quota (f)	naṣīb (m)	نصيب
pacchetto (m) di maggioranza	al maʒmū'a al musayṭara (f)	المجموعة المسيطرة
investimento (m)	istiθmār (pl)	إستثمار
investire (vt)	istaθmar	إستثمر
percento (m)	bil mi'a (m)	بالمئة
interessi (m pl) (su investimenti)	fa'ida (f)	فائدة
profitto (m)	ribḥ (m)	ربح
redditizio (agg)	murbiḥ	مربح
imposta (f)	ḍarība (f)	ضريبة

valuta (f) (~ estera)	'umla (f)	عملة
nazionale (agg)	waṭaniy	وطنيّ
cambio (m) (~ valuta)	taḥwīl (m)	تحويل

| contabile (m) | muḥāsib (m) | محاسب |
| ufficio (m) contabilità | maḥasaba (f) | محاسبة |

bancarotta (f)	iflās (m)	إفلاس
fallimento (m)	inhiyār (m)	إنهيار
rovina (f)	iflās (m)	إفلاس
andare in rovina	aflas	أفلس
inflazione (f)	tadaxxum māliy (m)	تضخّم ماليّ
svalutazione (f)	taxfīḍ qīmat 'umla (m)	تخفيض قيمة عملة

capitale (m)	ra's māl (m)	رأس مال
reddito (m)	daxl (m)	دخل
giro (m) di affari	dawrat ra's al māl (f)	دورة رأس المال
risorse (f pl)	mawārid (pl)	موارد
mezzi (m pl) finanziari	al mawārid an naqdiyya (pl)	الموارد النقديّة
spese (f pl) generali	nafaqāt 'āmma (pl)	نفقات عامّة
ridurre (~ le spese)	xaffaḍ	خفّض

76. Marketing

marketing (m)	taswīq (m)	تسويق
mercato (m)	sūq (f)	سوق
segmento (m) di mercato	qaṭā' as sūq (m)	قطاع السوق
prodotto (m)	muntaʒ (m)	منتج
merce (f)	baḍā'i' (pl)	بضائع

marca (f)	mārka (f)	ماركة
marchio (m) di fabbrica	mārka tiʒāriyya (f)	ماركة تجاريّة
logotipo (m)	ʃi'ār (m)	شعار
logo (m)	ʃi'ār (m)	شعار

domanda (f)	ṭalab (m)	طلب
offerta (f)	maxzūn (m)	مخزون
bisogno (m)	ḥāʒa (f)	حاجة
consumatore (m)	mustahlik (m)	مستهلك
analisi (f)	taḥlīl (m)	تحليل
analizzare (vt)	ḥallal	حلّل
posizionamento (m)	waḍ' (m)	وضع
posizionare (vt)	waḍa'	وضع

prezzo (m)	si'r (m)	سعر
politica (f) dei prezzi	siyāsat al as'ār (f)	سياسة الأسعار
determinazione (f) dei prezzi	taʃkīl al as'ār (m)	تشكيل الأسعار

77. Pubblicità

| pubblicità (f) | i'lān (m) | إعلان |
| pubblicizzare (vt) | a'lan | أعلن |

Italiano	Traslitterazione	العربية
bilancio (m) (budget)	mīzāniyya (f)	ميزانيّة
annuncio (m)	i'lān (m)	إعلان
pubblicità (f) televisiva	i'lān fit tiliviziyūn (m)	إعلان في التليفزيون
pubblicità (f) radiofonica	i'lān fir rādiyu (m)	إعلان في الراديو
pubblicità (f) esterna	i'lān ẓāhiriy (m)	إعلان ظاهري
mass media (m pl)	wasā'il al i'lām (pl)	وسائل الإعلام
periodico (m)	ṣaḥifa dawriyya (f)	صحيفة دوريّة
immagine (f)	imiʒ (m)	إيميج
slogan (m)	ʃi'ār (m)	شعار
motto (m)	ʃi'ār (m)	شعار
campagna (f)	ḥamla (f)	حملة
campagna (f) pubblicitaria	ḥamla i'lāniyya (f)	حملة إعلانيّة
gruppo (m) di riferimento	maʒmū'a mustahdafa (f)	مجموعة مستهدفة
biglietto (m) da visita	biṭāqat al 'amal (f)	بطاقة العمل
volantino (m)	manʃūr (m)	منشور
opuscolo (m)	naʃra (f)	نشرة
pieghevole (m)	kutayyib (m)	كتيّب
bollettino (m)	naʃra ixbāriyya (f)	نشرة إخبارية
insegna (f) (di negozi, ecc.)	lāfita (f)	لافتة
cartellone (m)	mulṣaq i'lāniy (m)	ملصق إعلانيّ
tabellone (m) pubblicitario	lawḥat i'lānāt (f)	لوحة إعلانات

78. Attività bancaria

Italiano	Traslitterazione	العربية
banca (f)	bank (m)	بنك
filiale (f)	far' (m)	فرع
consulente (m)	muwaẓẓaf bank (m)	موظف بنك
direttore (m)	mudīr (m)	مدير
conto (m) bancario	ḥisāb (m)	حساب
numero (m) del conto	raqm al ḥisāb (m)	رقم الحساب
conto (m) corrente	ḥisāb ʒāri (m)	حساب جار
conto (m) di risparmio	ḥisāb tawfīr (m)	حساب توفير
aprire un conto	fataḥ ḥisāb	فتح حسابا
chiudere il conto	aɣlaq ḥisāb	أغلق حسابا
versare sul conto	awda' fil ḥisāb	أودع في الحساب
prelevare dal conto	saḥab min al ḥisāb	سحب من الحساب
deposito (m)	wadī'a (f)	وديعة
depositare (vt)	awda'	أودع
trasferimento (m) telegrafico	ḥawāla (f)	حوالة
rimettere i soldi	ḥawwal	حوّل
somma (f)	mablaɣ (m)	مبلغ
Quanto?	kam?	كم؟
firma (f)	tawqī' (m)	توقيع
firmare (vt)	waqqa'	وقّع

carta (f) di credito	biṭāqat i'timān (f)	بطاقة ائتمان
codice (m)	kūd (m)	كود
numero (m) della carta di credito	raqm biṭāqat i'timān (m)	رقم بطاقة إئتمان
bancomat (m)	ṣarrāf 'āliy (m)	صرّاف آليّ
assegno (m)	ʃīk (m)	شيك
emettere un assegno	katab ʃīk	كتب شيكًا
libretto (m) di assegni	daftar ʃīkāt (m)	دفتر شيكات
prestito (m)	qarḍ (m)	قرض
fare domanda per un prestito	qaddam ṭalab lil ḥuṣūl 'ala qarḍ	قدّم طلبا للحصول على قرض
ottenere un prestito	ḥaṣal 'ala qarḍ	حصل على قرض
concedere un prestito	qaddam qarḍ	قدّمَ قرضا
garanzia (f)	ḍamān (m)	ضمان

79. Telefono. Conversazione telefonica

telefono (m)	hātif (m)	هاتف
telefonino (m)	hātif maḥmūl (m)	هاتف محمول
segreteria (f) telefonica	muʒīb al hātif (m)	مجيب الهاتف
telefonare (vi, vt)	ittaṣal	إتّصل
chiamata (f)	mukālama tilifuniyya (f)	مكالمة تليفونية
comporre un numero	ittaṣal bi raqm	إتّصل برقم
Pronto!	alu!	ألو!
chiedere (domandare)	sa'al	سأل
rispondere (vi, vt)	radd	ردّ
udire (vt)	sami'	سمع
bene	ʒayyidan	جيّدًا
male	sayyi'an	سيّئًا
disturbi (m pl)	taʃwīʃ (m)	تشويش
cornetta (f)	sammā'a (f)	سمّاعة
alzare la cornetta	rafa' as sammā'a	رفع السمّاعة
riattaccare la cornetta	qafal as sammā'a	قفل السمّاعة
occupato (agg)	maʃɣūl	مشغول
squillare (del telefono)	rann	رنّ
elenco (m) telefonico	dalīl at tilifūn (m)	دليل التليفون
locale (agg)	maḥalliyya	ة محلّيّة
telefonata (f) urbana	mukālama hātifiyya maḥalliyya (f)	مكالمة هاتفيّة محلّيّة
interurbano (agg)	ba'īd al mada	بعيد المدى
telefonata (f) interurbana	mukālama ba'īdat al mada (f)	مكالمة بعيدة المدى
internazionale (agg)	duwaliy	دوليّ
telefonata (f) internazionale	mukālama duwaliyya (f)	مكالمة دوليّة

80. Telefono cellulare

telefonino (m)	hātif maḥmūl (m)	هاتف محمول
schermo (m)	ʒihāz ʻarḍ (m)	جهاز عرض
tasto (m)	zirr (m)	زر
scheda SIM (f)	sim kart (m)	سيم كارت
pila (f)	baṭṭāriyya (f)	بطّاريّة
essere scarico	xalaṣat	خلصت
caricabatteria (m)	ʃāḥin (m)	شاحن
menù (m)	qāʼima (f)	قائمة
impostazioni (f pl)	awḍāʻ (pl)	أوضاع
melodia (f)	nayma (f)	نغمة
scegliere (vt)	ixtār	إختار
calcolatrice (f)	ʼāla ḥāsiba (f)	آلة حاسبة
segreteria (f) telefonica	barīd ṣawtiy (m)	بريد صوتيّ
sveglia (f)	munabbih (m)	منبّه
contatti (m pl)	ʒihāt al ittiṣāl (pl)	جهات الإتّصال
messaggio (m) SMS	risāla qaṣīra ɛsɛmɛs (f)	رسالة قصيرة sms
abbonato (m)	muʃtarik (m)	مشترك

81. Articoli di cancelleria

penna (f) a sfera	qalam ʒāf (m)	قلم جاف
penna (f) stilografica	qalam rīʃa (m)	قلم ريشة
matita (f)	qalam ruṣāṣ (m)	قلم رصاص
evidenziatore (m)	markir (m)	ماركر
pennarello (m)	qalam xaṭṭāṭ (m)	قلم خطاط
taccuino (m)	muðakkira (f)	مذكّرة
agenda (f)	ʒadwal al aʻmāl (m)	جدول الأعمال
righello (m)	masṭara (f)	مسطرة
calcolatrice (f)	ʼāla ḥāsiba (f)	آلة حاسبة
gomma (f) per cancellare	astīka (f)	استيكة
puntina (f)	dabbūs (m)	دبّوس
graffetta (f)	dabbūs waraq (m)	دبّوس ورق
colla (f)	ṣamɣ (m)	صمغ
pinzatrice (f)	dabbāsa (f)	دبّاسة
perforatrice (f)	xarrāma (m)	خرّامة
temperamatite (m)	mibrāt (f)	مبراة

82. Generi di attività commerciali

servizi (m pl) di contabilità	xidamāt muḥasaba (pl)	خدمات محاسبة
pubblicità (f)	iʻlān (m)	إعلان

agenzia (f) pubblicitaria	wikālat i'lān (f)	وكالة إعلان
condizionatori (m pl) d'aria	takyīf (m)	تكييف
compagnia (f) aerea	ʃarikat ṭayarān (f)	شركة طيران
bevande (f pl) alcoliche	maʃrūbāt kuḥūliyya (pl)	مشروبات كحوليّة
antiquariato (m)	tuḥaf (pl)	تحف
galleria (f) d'arte	ma'raḍ fanniy (m)	معرض فنّيّ
società (f) di revisione contabile	tadqīq al ḥisābāt (pl)	تدقيق الحسابات
imprese (f pl) bancarie	al qiṭā' al maṣrafiy (m)	القطاع المصرفي
bar (m)	bār (m)	بار
salone (m) di bellezza	ṣālūn taʒmīl (m)	صالون تجميل
libreria (f)	maḥall kutub (m)	محلّ كتب
birreria (f)	maṣna' bīra (m)	مصنع بيرة
business centre (m)	markaz tiʒāriy (m)	مركز تجاريّ
scuola (f) di commercio	kulliyyat idārat al a'māl (f)	كليّة إدارة الأعمال
casinò (m)	kazinu (m)	كازينو
edilizia (f)	bināʼ (m)	بناء
consulenza (f)	istiʃāra (f)	إستشارة
odontoiatria (f)	'iyādat asnān (f)	عيادة أسنان
design (m)	taṣmīm (m)	تصميم
farmacia (f)	ṣaydaliyya (f)	صيدليّة
lavanderia (f) a secco	tanẓīf ʒāff (m)	تنظيف جافّ
agenzia (f) di collocamento	wikālat tawẓīf (f)	وكالة توظيف
servizi (m pl) finanziari	xidamāt māliyya (pl)	خدمات ماليّة
industria (f) alimentare	mawādd ɣiðāʼiyya (pl)	موادّ غذائيّة
agenzia (f) di pompe funebri	bayt al ʒanāzāt (m)	بيت الجنازات
mobili (m pl)	aθāθ (m)	أثاث
abbigliamento (m)	malābis (pl)	ملابس
albergo, hotel (m)	funduq (m)	فندق
gelato (m)	muθallaʒāt (pl)	مثلّجات
industria (f)	ṣinā'a (f)	صناعة
assicurazione (f)	taʼmīn (m)	تأمين
internet (f)	intirnit (m)	إنترنت
investimenti (m pl)	istiθmārāt (pl)	إستثمارات
gioielliere (m)	ṣāʼiɣ (m)	صائغ
gioielli (m pl)	muʒawharāt (pl)	مجوهرات
lavanderia (f)	mayṣala (f)	مغسلة
consulente (m) legale	xidamāt qānūniyya (pl)	خدمات قانونيّة
industria (f) leggera	ṣinā'a xafīfa (f)	صناعة خفيفة
rivista (f)	maʒalla (f)	مجلّة
vendite (f pl) per corrispondenza	bay' bil barīd (m)	بيع بالبريد
medicina (f)	ṭibb (m)	طبّ
cinema (m)	sinima (f)	سينما
museo (m)	matḥaf (m)	متحف
agenzia (f) di stampa	wikālat anbāʼ (f)	وكالة أنباء
giornale (m)	ʒarīda (f)	جريدة

locale notturno (m)	malha layliy (m)	ملهى ليليّ
petrolio (m)	nafṭ (m)	نفط
corriere (m) espresso	χidamāt aʃ ʃaḥn (pl)	خدمات الشحن
farmaci (m pl)	ṣaydala (f)	صيدلة
stampa (f) (~ di libri)	ṭibāʻa (f)	طباعة
casa (f) editrice	dār aṭ ṭibāʻa wan naʃr (f)	دار الطباعة والنشر
radio (f)	iðāʻa (f)	إذاعة
beni (m pl) immobili	ʻiqārāt (pl)	عقارات
ristorante (m)	maṭʻam (m)	مطعم
agenzia (f) di sicurezza	ʃarikat amn (f)	شركة أمن
sport (m)	riyāḍa (f)	رياضة
borsa (f)	būrṣa (f)	بورصة
negozio (m)	maḥall (m)	محلّ
supermercato (m)	subirmarkit (m)	سوبرماركت
piscina (f)	masbaḥ (m)	مسبح
sartoria (f)	ṣālūn (m)	صالون
televisione (f)	tilivizyūn (m)	تليفزيون
teatro (m)	masraḥ (m)	مسرح
commercio (m)	tiʒāra (f)	تجارة
mezzi (m pl) di trasporto	wasāʼil an naql (pl)	وسائل النقل
viaggio (m)	siyāḥa (f)	سياحة
veterinario (m)	ṭabīb bayṭariy (m)	طبيب بيطريّ
deposito, magazzino (m)	mustawdaʻ (m)	مستودع
trattamento (m) dei rifiuti	ʒamʻ an nufāyāt (m)	جمع النفايات

Lavoro. Affari. Parte 2

83. Spettacolo. Mostra

fiera (f)	ma'raḍ (m)	معرض
fiera (f) campionaria	ma'raḍ tiӡāriy (m)	معرض تجاريّ
partecipazione (f)	iʃtirāk (m)	إشتراك
partecipare (vi)	iʃtarak	إشترك
partecipante (m)	muʃtarik (m)	مشترك
direttore (m)	mudīr (m)	مدير
ufficio (m) organizzativo	maktab al munaẓẓimīn (m)	مكتب المنظّمين
organizzatore (m)	munaẓẓim (m)	منظّم
organizzare (vt)	naẓẓam	نظّم
domanda (f) di partecipazione	istimārat al iʃtirāk (f)	إستمارة الإشتراك
riempire (vt)	mala'	ملأ
dettagli (m pl)	tafāṣīl (pl)	تفاصيل
informazione (f)	isti'lāmāt (pl)	إستعلامات
prezzo (m)	si'r (m)	سعر
incluso (agg)	bima fīh	بما فيه
includere (vt)	taḍamman	تضمّن
pagare (vi, vt)	dafa'	دفع
quota (f) d'iscrizione	rusūm at tasӡīl (pl)	رسوم التسجيل
entrata (f)	madχal (m)	مدخل
padiglione (m)	ӡanāḥ (m)	جناح
registrare (vt)	saӡӡal	سجّل
tesserino (m)	ʃāra (f)	شارة
stand (m)	kuʃk (m)	كشك
prenotare (riservare)	ḥaӡaz	حجز
vetrina (f)	vatrīna (f)	فترينة
faretto (m)	miṣbāḥ (m)	مصباح
design (m)	taṣmīm (m)	تصميم
collocare (vt)	waḍa'	وضع
distributore (m)	muwazzi' (m)	موزّع
fornitore (m)	muwarrid (m)	مورّد
paese (m)	balad (m)	بلد
straniero (agg)	aӡnabiy	أجنبيّ
prodotto (m)	muntaӡ (m)	منتج
associazione (f)	ӡam'iyya (f)	جمعيّة
sala (f) conferenze	qā'at al mu'tamarāt (f)	قاعة المؤتمرات
congresso (m)	mu'tamar (m)	مؤتمر

concorso (m)	musābaqa (f)	مسابقة
visitatore (m)	zā'ir (m)	زائر
visitare (vt)	ḥaḍar	حضر
cliente (m)	zubūn (m)	زبون

84. Scienza. Ricerca. Scienziati

scienza (f)	'ilm (m)	علم
scientifico (agg)	'ilmiy	علمي
scienziato (m)	'ālim (m)	عالم
teoria (f)	naẓariyya (f)	نظرية
assioma (m)	badīhiyya (f)	بديهية
analisi (f)	taḥlīl (m)	تحليل
analizzare (vt)	ḥallal	حلّل
argomento (m)	burhān (m)	برهان
sostanza, materia (f)	mādda (f)	مادّة
ipotesi (f)	farḍiyya (f)	فرضية
dilemma (m)	muʿḍila (f)	معضلة
tesi (f)	risāla 'ilmiyya (f)	رسالة علميّة
dogma (m)	'aqīda (f)	عقيدة
dottrina (f)	maðhab (m)	مذهب
ricerca (f)	baḥθ (m)	بحث
fare ricerche	baḥaθ	بحث
prova (f)	iχtibārāt (pl)	إختبارات
laboratorio (m)	muχtabar (m)	مختبر
metodo (m)	manhaʒ (m)	منهج
molecola (f)	ʒuzayi' (m)	جزيء
monitoraggio (m)	riqāba (f)	رقابة
scoperta (f)	iktiʃāf (m)	إكتشاف
postulato (m)	musallama (f)	مسلّمة
principio (m)	mabda' (m)	مبدأ
previsione (f)	tanabbu' (m)	تنبّؤ
fare previsioni	tanabba'	تنبّأ
sintesi (f)	tarkīb (m)	تركيب
tendenza (f)	ittiʒāh (m)	إتّجاه
teorema (m)	naẓariyya (f)	نظريّة
insegnamento (m)	taʿālīm (pl)	تعاليم
fatto (m)	ḥaqīqa (f)	حقيقة
spedizione (f)	baʿθa (f)	بعثة
esperimento (m)	taʒriba (f)	تجربة
accademico (m)	akadīmiy (m)	أكاديميّ
laureato (m)	bakalūriyūs (m)	بكالوريوس
dottore (m)	duktūr (m)	دكتور
professore (m) associato	ustāð muʃārik (m)	أستاذ مشارك
Master (m)	maʒistīr (m)	ماجستير
professore (m)	brufissūr (m)	بروفيسور

Professioni e occupazioni

85. Ricerca di un lavoro. Licenziamento

lavoro (m)	'amal (m)	عمل
organico (m)	kawādir (pl)	كوادر
personale (m)	ṭāqim al 'āmilīn (m)	طاقم العاملين
carriera (f)	masār mihniy (m)	مسار مهنيّ
prospettiva (f)	'āfāq (pl)	آفاق
abilità (f pl)	mahārāt (pl)	مهارات
selezione (f) (~ del personale)	ixtiyār (m)	إختيار
agenzia (f) di collocamento	wikālat tawẓīf (f)	وكالة توظيف
curriculum vitae (f)	sīra ðātiyya (f)	سيرة ذاتيّة
colloquio (m)	mu'ābalat 'amal (f)	مقابلة عمل
posto (m) vacante	waẓīfa xāliya (f)	وظيفة خالية
salario (m)	murattab (m)	مرتّب
stipendio (m) fisso	rātib θābit (m)	راتب ثابت
compenso (m)	uʒra (f)	أجرة
carica (f), funzione (f)	manṣib (m)	منصب
mansione (f)	wāʒib (m)	واجب
mansioni (f pl) di lavoro	maʒmū'a min al wāʒibāt (f)	مجموعة من الواجبات
occupato (agg)	maʃɣūl	مشغول
licenziare (vt)	aqāl	أقال
licenziamento (m)	iqāla (m)	إقالة
disoccupazione (f)	biṭāla (f)	بطالة
disoccupato (m)	'āṭil (m)	عاطل
pensionamento (m)	ma'āʃ (m)	معاش
andare in pensione	uḥīl 'alal ma'āʃ	أحيل على المعاش

86. Gente d'affari

direttore (m)	mudīr (m)	مدير
dirigente (m)	mudīr (m)	مدير
capo (m)	mudīr (m), raʾīs (m)	مدير, رئيس
superiore (m)	raʾīs (m)	رئيس
capi (m pl)	ru'asā' (pl)	رؤساء
presidente (m)	raʾīs (m)	رئيس
presidente (m) (impresa)	raʾīs (m)	رئيس
vice (m)	nā'ib (m)	نائب
assistente (m)	musā'id (m)	مساعد

segretario (m)	sikirtīr (m)	سكرتير
assistente (m) personale	sikritīr χāṣṣ (m)	سكرتير خاصّ
uomo (m) d'affari	raʒul aʻmāl (m)	رجل أعمال
imprenditore (m)	rāʼid aʻmāl (m)	رائد أعمال
fondatore (m)	muʼassis (m)	مؤسّس
fondare (vt)	assas	أسّس
socio (m)	muʼassis (m)	مؤسّس
partner (m)	ʃarīk (m)	شريك
azionista (m)	musāhim (m)	مساهم
milionario (m)	milyunīr (m)	مليونير
miliardario (m)	milyardīr (m)	ملياردير
proprietario (m)	ṣāḥib (m)	صاحب
latifondista (m)	ṣāḥib al arḍ (m)	صاحب الأرض
cliente (m) (di professionista)	ʻamīl (m)	عميل
cliente (m) abituale	ʻamīl dāʼim (m)	عميل دائم
compratore (m)	muʃtari (m)	مشتر
visitatore (m)	zāʼir (m)	زائر
professionista (m)	muḥtarif (m)	محترف
esperto (m)	χabīr (m)	خبير
specialista (m)	mutaχaṣṣiṣ (m)	متخصّص
banchiere (m)	ṣāḥib maṣraf (m)	صاحب مصرف
broker (m)	simsār (m)	سمسار
cassiere (m)	ṣarrāf (m)	صرّاف
contabile (m)	muḥāsib (m)	محاسب
guardia (f) giurata	ḥāris amn (m)	حارس أمن
investitore (m)	mustaθmir (m)	مستثمر
debitore (m)	mudīn (m)	مدين
creditore (m)	dāʼin (m)	دائن
mutuatario (m)	muqtariḍ (m)	مقترض
importatore (m)	mustawrid (m)	مستورد
esportatore (m)	muṣaddir (m)	مصدّر
produttore (m)	aʃ ʃarika al muṣniʻa (f)	الشركة المصنعة
distributore (m)	muwazziʻ (m)	موزّع
intermediario (m)	wasīṭ (m)	وسيط
consulente (m)	mustaʃār (m)	مستشار
rappresentante (m)	mandūb mabiʻāt (m)	مندوب مبيعات
agente (m)	wakīl (m)	وكيل
assicuratore (m)	wakīl at taʼmīn (m)	وكيل التأمين

87. Professioni amministrative

cuoco (m)	ṭabbāχ (m)	طبّاخ
capocuoco (m)	ʃāf (m)	شاف

fornaio (m)	xabbāz (m)	خبّاز
barista (m)	bārman (m)	بارمان
cameriere (m)	nādil (m)	نادل
cameriera (f)	nādila (f)	نادلة
avvocato (m)	muḥāmi (m)	محام
esperto (m) legale	muḥāmi (m)	محام
notaio (m)	muwaθθaq (m)	موثّق
elettricista (m)	kahrabā'iy (m)	كهربائيّ
idraulico (m)	sabbāk (m)	سبّاك
falegname (m)	naʒʒār (m)	نجّار
massaggiatore (m)	mudallik (m)	مدلّك
massaggiatrice (f)	mudallika (f)	مدلّكة
medico (m)	ṭabīb (m)	طبيب
taxista (m)	sā'iq taksi (m)	سائق تاكسي
autista (m)	sā'iq (m)	سائق
fattorino (m)	sā'i (m)	ساع
cameriera (f)	'āmilat tanẓīf ɣuraf (f)	عاملة تنظيف غرف
guardia (f) giurata	ḥāris amn (m)	حارس أمن
hostess (f)	muḍīfat ṭayarān (f)	مضيفة طيران
insegnante (m, f)	mudarris madrasa (m)	مدرّس مدرسة
bibliotecario (m)	amīn maktaba (m)	أمين مكتبة
traduttore (m)	mutarʒim (m)	مترجم
interprete (m)	mutarʒim fawriy (m)	مترجم فوريّ
guida (f)	murʃid (m)	مرشد
parrucchiere (m)	ḥallāq (m)	حلّاق
postino (m)	sā'i al barīd (m)	ساعي البريد
commesso (m)	bā'i' (m)	بائع
giardiniere (m)	bustāniy (m)	بستانيّ
domestico (m)	xādim (m)	خادم
domestica (f)	xādima (f)	خادمة
donna (f) delle pulizie	'āmilat tanẓīf (f)	عاملة تنظيف

88. Professioni militari e gradi

soldato (m) semplice	ʒundiy (m)	جنديّ
sergente (m)	raqīb (m)	رقيب
tenente (m)	mulāzim (m)	ملازم
capitano (m)	naqīb (m)	نقيب
maggiore (m)	rā'id (m)	رائد
colonnello (m)	'aqīd (m)	عقيد
generale (m)	ʒinirāl (m)	جنرال
maresciallo (m)	mārʃāl (m)	مارشال
ammiraglio (m)	amirāl (m)	أميرال
militare (m)	'askariy (m)	عسكريّ
soldato (m)	ʒundiy (m)	جنديّ

ufficiale (m)	ḍābiṭ (m)	ضابط
comandante (m)	qā'id (m)	قائد
guardia (f) di frontiera	ḥāris ḥudūd (m)	حارس حدود
marconista (m)	'āmil lāsilkiy (m)	عامل لاسلكيّ
esploratore (m)	mustakʃif (m)	مستكشف
geniere (m)	muhandis 'askariy (m)	مهندس عسكريّ
tiratore (m)	rāmi (m)	رام
navigatore (m)	mallāḥ (m)	ملّاح

89. Funzionari. Sacerdoti

re (m)	malik (m)	ملك
regina (f)	malika (f)	ملكة
principe (m)	amīr (m)	أمير
principessa (f)	amīra (f)	أميرة
zar (m)	qayṣar (m)	قيصر
zarina (f)	qayṣara (f)	قيصرة
presidente (m)	ra'īs (m)	رئيس
ministro (m)	wazīr (m)	وزير
primo ministro (m)	ra'īs wuzarā' (m)	رئيس وزراء
senatore (m)	'uḍw maʒlis aʃ ʃuyūχ (m)	عضو مجلس الشيوخ
diplomatico (m)	diblumāsiy (m)	دبلوماسيّ
console (m)	qunṣul (m)	قنصل
ambasciatore (m)	safīr (m)	سفير
consigliere (m)	mustaʃār (m)	مستشار
funzionario (m)	muwaẓẓaf (m)	موظّف
prefetto (m)	ra'īs idārat al ḥayy (m)	رئيس إدارة الحيّ
sindaco (m)	ra'īs al baladiyya (m)	رئيس البلديّة
giudice (m)	qāḍi (m)	قاضٍ
procuratore (m)	mudda'i (m)	مدعٍ
missionario (m)	mubaʃʃir (m)	مبشّر
monaco (m)	rāhib (m)	راهب
abate (m)	ra'īs ad dayr (m)	رئيس الدير
rabbino (m)	ḥāχām (m)	حاخام
visir (m)	wazīr (m)	وزير
scià (m)	ʃāh (m)	شاه
sceicco (m)	ʃɛyχ (m)	شيخ

90. Professioni agricole

apicoltore (m)	naḥḥāl (m)	نحّال
pastore (m)	rā'i (m)	راعٍ
agronomo (m)	muhandis zirā'iy (m)	مهندس زراعيّ

allevatore (m) di bestiame	murabbi al mawāʃi (m)	مربّي المواشي
veterinario (m)	ṭabīb bayṭariy (m)	طبيب بيطري
fattore (m)	muzāriʿ (m)	مزارع
vinificatore (m)	ṣāniʿ an nabīð (m)	صانع النبيذ
zoologo (m)	χabīr fi ʿilm al ḥayawān (m)	خبير في علم الحيوان
cowboy (m)	rāʿi al baqar (m)	راعي البقر

91. Professioni artistiche

attore (m)	mumaθθil (m)	ممثّل
attrice (f)	mumaθθila (f)	ممثّلة
cantante (m)	muɣanni (m)	مغنّ
cantante (f)	muɣanniya (f)	مغنّية
danzatore (m)	rāqiṣ (m)	راقص
ballerina (f)	rāqiṣa (f)	راقصة
artista (m)	fannān (m)	فنّان
artista (f)	fannāna (f)	فنّانة
musicista (m)	ʿāzif (m)	عازف
pianista (m)	ʿāzif biyānu (m)	عازف بيانو
chitarrista (m)	ʿāzif gitār (m)	عازف جيتار
direttore (m) d'orchestra	qāʾid urkistra (m)	قائد أركسترا
compositore (m)	mulaḥḥin (m)	ملحّن
impresario (m)	mudīr firqa (m)	مدير فرقة
regista (m)	muχriʒ (m)	مخرج
produttore (m)	muntiʒ (m)	منتج
sceneggiatore (m)	kātib sināriyu (m)	كاتب سيناريو
critico (m)	nāqid (m)	ناقد
scrittore (m)	kātib (m)	كاتب
poeta (m)	ʃāʿir (m)	شاعر
scultore (m)	naḥḥāt (m)	نحّات
pittore (m)	rassām (m)	رسّام
giocoliere (m)	bahlawān (m)	بهلوان
pagliaccio (m)	muharriʒ (m)	مهرّج
acrobata (m)	bahlawān (m)	بهلوان
prestigiatore (m)	sāḥir (m)	ساحر

92. Professioni varie

medico (m)	ṭabīb (m)	طبيب
infermiera (f)	mumarriḍa (f)	ممرّضة
psichiatra (m)	ṭabīb nafsiy (m)	طبيب نفسيّ
dentista (m)	ṭabīb al asnān (m)	طبيب الأسنان
chirurgo (m)	ʒarrāḥ (m)	جرّاح

Italiano	Traslitterazione	Arabo
astronauta (m)	rā'id faḍā' (m)	رائد فضاء
astronomo (m)	'ālim falak (m)	عالم فلك
pilota (m)	ṭayyār (m)	طيّار
autista (m)	sā'iq (m)	سائق
macchinista (m)	sā'iq (m)	سائق
meccanico (m)	mikanīkiy (m)	ميكانيكيّ
minatore (m)	'āmil manʒam (m)	عامل منجم
operaio (m)	'āmil (m)	عامل
operaio (m) metallurgico	qaffāl (m)	قفّال
falegname (m)	naʒʒār (m)	نجّار
tornitore (m)	χarrāṭ (m)	خرّاط
operaio (m) edile	'āmil binā' (m)	عامل بناء
saldatore (m)	laḥḥām (m)	لحّام
professore (m)	brufissūr (m)	بروفيسور
architetto (m)	muhandis mi'māriy (m)	مهندس معماريّ
storico (m)	mu'arriχ (m)	مؤرّخ
scienziato (m)	'ālim (m)	عالم
fisico (m)	fizyā'iy (m)	فيزيائيّ
chimico (m)	kimyā'iy (m)	كيميائيّ
archeologo (m)	'ālim 'āθār (m)	عالم آثار
geologo (m)	ʒiulūʒiy (m)	جيولوجيّ
ricercatore (m)	bāḥiθ (m)	باحث
baby-sitter (m, f)	murabbiyat aṭfāl (f)	مربّية الأطفال
insegnante (m, f)	mu'allim (m)	معلّم
redattore (m)	muḥarrir (m)	محرّر
redattore capo (m)	ra'īs taḥrīr (m)	رئيس تحرير
corrispondente (m)	murāsil (m)	مراسل
dattilografa (f)	kātiba 'alal 'āla al kātiba (f)	كاتبة على الآلة الكاتبة
designer (m)	muṣammim (m)	مصمّم
esperto (m) informatico	mutaχaṣṣiṣ bil kumbyūtir (m)	متخصّص بالكمبيوتر
programmatore (m)	mubarmiʒ (m)	مبرمج
ingegnere (m)	muhandis (m)	مهندس
marittimo (m)	baḥḥār (m)	بحّار
marinaio (m)	baḥḥār (m)	بحّار
soccorritore (m)	munqið (m)	منقذ
pompiere (m)	raʒul iṭfā' (m)	رجل إطفاء
poliziotto (m)	ʃurṭiy (m)	شرطيّ
guardiano (m)	ḥāris (m)	حارس
detective (m)	muḥaqqiq (m)	محقّق
doganiere (m)	muwaẓẓaf al ʒamārik (m)	موظّف الجمارك
guardia (f) del corpo	ḥāris ʃaχṣiy (m)	حارس شخصيّ
guardia (f) carceraria	ḥāris siʒn (m)	حارس سجن
ispettore (m)	mufattiʃ (m)	مفتّش
sportivo (m)	riyāḍiy (m)	رياضيّ
allenatore (m)	mudarrib (m)	مدرّب

macellaio (m)	ӡazzār (m)	جزّار
calzolaio (m)	iskāfiy (m)	إسكافيّ
uomo (m) d'affari	tāӡir (m)	تاجر
caricatore (m)	ḥammāl (m)	حمّال
stilista (m)	muṣammim azyā' (m)	مصمّم أزياء
modella (f)	mudīl (f)	موديل

93. Attività lavorative. Condizione sociale

scolaro (m)	tilmīð (m)	تلميذ
studente (m)	ṭālib (m)	طالب
filosofo (m)	faylasūf (m)	فيلسوف
economista (m)	iqtiṣādiy (m)	إقتصاديّ
inventore (m)	muxtariʿ (m)	مخترع
disoccupato (m)	ʿāṭil (m)	عاطل
pensionato (m)	mutaqāʿid (m)	متقاعد
spia (f)	ӡāsūs (m)	جاسوس
detenuto (m)	saӡīn (m)	سجين
scioperante (m)	muḍrib (m)	مضرب
burocrate (m)	buruqrāṭiy (m)	بيوروقراطيّ
viaggiatore (m)	raḥḥāla (m)	رحّالة
omosessuale (m)	miθliy ӡinsiyyan (m)	مثليّ جنسيًا
hacker (m)	hākir (m)	هاكر
hippy (m, f)	hippi (m)	هيبي
bandito (m)	qāṭiʿ ṭarīq (m)	قاطع طريق
sicario (m)	qātil ma'ӡūr (m)	قاتل مأجور
drogato (m)	mudmin muxaddirāt (m)	مدمن مخدّرات
trafficante (m) di droga	tāӡir muxaddirāt (m)	تاجر مخدّرات
prostituta (f)	ʿāhira (f)	عاهرة
magnaccia (m)	qawwād (m)	قوّاد
stregone (m)	sāḥir (m)	ساحر
strega (f)	sāḥira (f)	ساحرة
pirata (m)	qurṣān (m)	قرصان
schiavo (m)	ʿabd (m)	عبد
samurai (m)	samurāy (m)	ساموراي
selvaggio (m)	mutawaḥḥiʃ (m)	متوحّش

Istruzione

94. Scuola

scuola (f)	madrasa (f)	مدرسة
direttore (m) di scuola	mudīr madrasa (m)	مدير مدرسة
allievo (m)	tilmīð (m)	تلميذ
allieva (f)	tilmīða (f)	تلميذة
scolaro (m)	tilmīð (m)	تلميذ
scolara (f)	tilmīða (f)	تلميذة
insegnare (qn)	ʻallam	علّم
imparare (una lingua)	taʻallam	تعلّم
imparare a memoria	ḥafaẓ	حفظ
studiare (vi)	taʻallam	تعلّم
frequentare la scuola	daras	درس
andare a scuola	ðahab ilal madrasa	ذهب إلى المدرسة
alfabeto (m)	alifbāʼ (m)	الفباء
materia (f)	mādda (f)	مادّة
classe (f)	faṣl (m)	فصل
lezione (f)	dars (m)	درس
ricreazione (f)	istirāḥa (f)	إستراحة
campanella (f)	ʒaras al madrasa (m)	جرس المدرسة
banco (m)	taxta lil madrasa (m)	تخته للمدرسة
lavagna (f)	sabbūra (f)	سبّورة
voto (m)	daraʒa (f)	درجة
voto (m) alto	daraʒa ʒayyida (f)	درجة جيّدة
voto (m) basso	daraʒa ɣayr ʒayyida (f)	درجة غير جيّدة
dare un voto	aʻṭa daraʒa	أعطى درجة
errore (m)	xaṭaʼ (m)	خطأ
fare errori	axṭaʼ	أخطأ
correggere (vt)	ṣaḥḥaḥ	صحّح
bigliettino (m)	waraqat ɣaʃʃ (f)	ورقة غشّ
compiti (m pl)	wāʒib manziliy (m)	واجب منزليّ
esercizio (m)	tamrīn (m)	تمرين
essere presente	ḥaḍar	حضر
essere assente	ɣāb	غاب
mancare le lezioni	taɣayyab ʻan al madrasa	تغيّب عن المدرسة
punire (vt)	ʻāqab	عاقب
punizione (f)	ʻuqūba (f), ʻiqāb (m)	عقوبة, عقاب
comportamento (m)	sulūk (m)	سلوك

pagella (f)	at taqrīr al madrasiy (m)	التقرير المدرسيّ
matita (f)	qalam ruṣāṣ (m)	قلم رصاص
gomma (f) per cancellare	astīka (f)	استيكة
gesso (m)	ṭabāšīr (m)	طباشير
astuccio (m) portamatite	maqlama (f)	مقلمة
cartella (f)	šanṭat al madrasa (f)	شنطة المدرسة
penna (f)	qalam (m)	قلم
quaderno (m)	daftar (m)	دفتر
manuale (m)	kitāb ta'līm (m)	كتاب تعليم
compasso (m)	barʒal (m)	برجل
disegnare (tracciare)	rasam rasm taqniy	رسم رسمًا تقنيًا
disegno (m) tecnico	rasm taqniy (m)	رسم تقني
poesia (f)	qaṣīda (f)	قصيدة
a memoria	'an ẓahr qalb	عن ظهر قلب
imparare a memoria	ḥafaẓ	حفظ
vacanze (f pl) scolastiche	'uṭla madrasiyya (f)	عطلة مدرسيّة
essere in vacanza	'indahu 'uṭla	عنده عطلة
passare le vacanze	qaḍa al 'uṭla	قضى العطلة
prova (f) scritta	imtiḥān (m)	إمتحان
composizione (f)	inšā' (m)	إنشاء
dettato (m)	imlā' (m)	إملاء
esame (m)	imtiḥān (m)	إمتحان
sostenere un esame	marr al imtiḥān	مرّ الإمتحان
esperimento (m)	taʒriba (f)	تجربة

95. Istituto superiore. Università

accademia (f)	akadīmiyya (f)	أكاديميّة
università (f)	ʒāmi'a (f)	جامعة
facoltà (f)	kulliyya (f)	كليّة
studente (m)	ṭālib (m)	طالب
studentessa (f)	ṭāliba (f)	طالبة
docente (m, f)	muḥāḍir (m)	محاضر
aula (f)	mudarraʒ (m)	مدرّج
diplomato (m)	mutaxarriʒ (m)	متخرّج
diploma (m)	diblūma (f)	دبلومة
tesi (f)	risāla 'ilmiyya (f)	رسالة علميّة
ricerca (f)	dirāsa (f)	دراسة
laboratorio (m)	muxtabar (m)	مختبر
lezione (f)	muḥāḍara (f)	محاضرة
compagno (m) di corso	zamīl fiṣ ṣaff (m)	زميل في الصفّ
borsa (f) di studio	minḥa dirāsiyya (f)	منحة دراسيّة
titolo (m) accademico	daraʒa 'ilmiyya (f)	درجة علميّة

96. Scienze. Discipline

matematica (f)	riyāḍīyyāt (pl)	رياضيّات
algebra (f)	al ʒabr (m)	الجبر
geometria (f)	handasa (f)	هندسة
astronomia (f)	ʻilm al falak (m)	علم الفلك
biologia (f)	ʻilm al aḥyā' (m)	علم الأحياء
geografia (f)	ʒuɣrāfiya (f)	جغرافيا
geologia (f)	ʒiulūʒiya (f)	جيولوجيا
storia (f)	tarīx (m)	تاريخ
medicina (f)	ṭibb (m)	طبّ
pedagogia (f)	ʻilm at tarbiya (f)	علم التربية
diritto (m)	qānūn (m)	قانون
fisica (f)	fizyā' (f)	فيزياء
chimica (f)	kimyā' (f)	كيمياء
filosofia (f)	falsafa (f)	فلسفة
psicologia (f)	ʻilm an nafs (m)	علم النفس

97. Sistema di scrittura. Ortografia

grammatica (f)	an naḥw waṣ ṣarf (m)	النحو والصرف
lessico (m)	mufradāt al luɣa (pl)	مفردات اللغة
fonetica (f)	ṣawtīyyāt (pl)	صوتيّات
sostantivo (m)	ism (m)	إسم
aggettivo (m)	ṣifa (f)	صفة
verbo (m)	fiʻl (m)	فعل
avverbio (m)	ẓarf (m)	ظرف
pronome (m)	ḍamīr (m)	ضمير
interiezione (f)	ḥarf nidā' (m)	حرف نداء
preposizione (f)	ḥarf al ʒarr (m)	حرف الجرّ
radice (f)	ʒiðr al kalima (m)	جذر الكلمة
desinenza (f)	nihāya (f)	نهاية
prefisso (m)	sābiqa (f)	سابقة
sillaba (f)	maqṭaʻ lafẓiy (m)	مقطع لفظيّ
suffisso (m)	lāḥiqa (f)	لاحقة
accento (m)	nabra (f)	نبرة
apostrofo (m)	ʻalāmat haðf (f)	علامة حذف
punto (m)	nuqṭa (f)	نقطة
virgola (f)	fāṣila (f)	فاصلة
punto (m) e virgola	nuqṭa wa fāṣila (f)	نقطة وفاصلة
due punti	nuqṭatān raʼsiyyatān (du)	نقطتان رأسيتان
puntini di sospensione	θalāθ nuqaṭ (pl)	ثلاث نقط
punto (m) interrogativo	ʼalāmat istifhām (f)	علامة إستفهام
punto (m) esclamativo	ʼalāmat taʻaʒʒub (f)	علامة تعجّب

virgolette (f pl)	'alāmāt al iqtibās (pl)	علامات الإقتباس
tra virgolette	bayn 'alāmatay al iqtibās	بين علامتي الإقتباس
parentesi (f pl)	qawsān (du)	قوسان
tra parentesi	bayn al qawsayn	بين القوسين
trattino (m)	'alāmat waṣl (f)	علامة وصل
lineetta (f)	ʃurṭa (f)	شرطة
spazio (m) (tra due parole)	farāɣ (m)	فراغ
lettera (f)	ḥarf (m)	حرف
lettera (f) maiuscola	ḥarf kabīr (m)	حرف كبير
vocale (f)	ḥarf ṣawtiy (m)	حرف صوتيّ
consonante (f)	ḥarf sākin (m)	حرف ساكن
proposizione (f)	ʒumla (f)	جملة
soggetto (m)	fā'il (m)	فاعل
predicato (m)	musnad (m)	مسند
riga (f)	saṭr (m)	سطر
a capo	min bidāyat as saṭr	من بداية السطر
capoverso (m)	fiqra (f)	فقرة
parola (f)	kalima (f)	كلمة
gruppo (m) di parole	maʒmūʻa min al kalimāt (pl)	مجموعة من الكلمات
espressione (f)	'ibāra (f)	عبارة
sinonimo (m)	murādif (m)	مرادف
antonimo (m)	mutaḍādd luɣawiy (m)	متضادٌ
regola (f)	qāʻida (f)	قاعدة
eccezione (f)	istiθnā' (m)	إستثناء
giusto (corretto)	ṣaḥīḥ	صحيح
coniugazione (f)	ṣarf (m)	صرف
declinazione (f)	taṣrīf al asmā' (m)	تصريف الأسماء
caso (m) nominativo	ḥāla ismiyya (f)	حالة إسميّة
domanda (f)	su'āl (m)	سؤال
sottolineare (vt)	waḍaʻ xaṭṭ taḥt	وضع خطًا تحت
linea (f) tratteggiata	xaṭṭ munaqqaṭ (m)	خط منقّط

98. Lingue straniere

lingua (f)	luɣa (f)	لغة
straniero (agg)	aʒnabiy	أجنبيّ
lingua (f) straniera	luɣa aʒnabiyya (f)	لغة أجنبيّة
studiare (vt)	daras	درس
imparare (una lingua)	taʻallam	تعلّم
leggere (vi, vt)	qara'	قرأ
parlare (vi, vt)	takallam	تكلّم
capire (vt)	fahim	فهم
scrivere (vi, vt)	katab	كتب
rapidamente	bi surʻa	بسرعة
lentamente	bi buṭ'	ببطء

correntemente	bi ṭalāqa	بطلاقة
regole (f pl)	qawā'id (pl)	قواعد
grammatica (f)	an naḥw waṣ ṣarf (m)	النحو والصرف
lessico (m)	mufradāt al luɣa (pl)	مفردات اللغة
fonetica (f)	ṣawtīyyāt (pl)	صوتيّات
manuale (m)	kitāb ta'līm (m)	كتاب تعليم
dizionario (m)	qāmūs (m)	قاموس
manuale (m) autodidattico	kitāb ta'līm ðātiy (m)	كتاب تعليم ذاتيّ
frasario (m)	kitāb lil 'ibārāt aʃ ʃā'i'a (m)	كتاب للعبارت الشائعة
cassetta (f)	ʃarīṭ (m)	شريط
videocassetta (f)	ʃarīʃṭ vidiyu (m)	شريط فيديو
CD (m)	si di (m)	سي دي
DVD (m)	di vi di (m)	دي في دي
alfabeto (m)	alifbā' (m)	الفباء
compitare (vt)	tahaʒʒa	تهجّى
pronuncia (f)	nuṭq (m)	نطق
accento (m)	lukna (f)	لكنة
con un accento	bi lukna	بلكنة
senza accento	bi dūn lukna	بدون لكنة
vocabolo (m)	kalima (f)	كلمة
significato (m)	ma'na (m)	معنى
corso (m) (~ di francese)	dawra (f)	دورة
iscriversi (vr)	saʒʒal ismahu	سجّل إسمه
insegnante (m, f)	mudarris (m)	مدرس
traduzione (f) (fare una ~)	tarʒama (f)	ترجمة
traduzione (f) (un testo)	tarʒama (f)	ترجمة
traduttore (m)	mutarʒim (m)	مترجم
interprete (m)	mutarʒim fawriy (m)	مترجم فوريّ
poliglotta (m)	'alīm bi 'iddat luɣāt (m)	عليم بعدّة لغات
memoria (f)	ðākira (f)	ذاكرة

Ristorante. Intrattenimento. Viaggi

99. Escursione. Viaggio

turismo (m)	siyāḥa (f)	سياحة
turista (m)	sā'iḥ (m)	سائح
viaggio (m) (all'estero)	riḥla (f)	رحلة
avventura (f)	muɣāmara (f)	مغامرة
viaggio (m) (corto)	riḥla (f)	رحلة
vacanza (f)	'uṭla (f)	عطلة
essere in vacanza	'indahu 'uṭla	عنده عطلة
riposo (m)	istirāḥa (f)	إستراحة
treno (m)	qiṭār (m)	قطار
in treno	bil qiṭār	بالقطار
aereo (m)	ṭā'ira (f)	طائرة
in aereo	biṭ ṭā'ira	بالطائرة
in macchina	bis sayyāra	بالسيّارة
in nave	bis safīna	بالسفينة
bagaglio (m)	aʃ ʃunaṭ (pl)	الشنط
valigia (f)	ḥaqībat safar (f)	حقيبة سفر
carrello (m)	'arabat ʃunaṭ (f)	عربة شنط
passaporto (m)	ʒawāz as safar (m)	جواز السفر
visto (m)	ta'ʃīra (f)	تأشيرة
biglietto (m)	taðkira (f)	تذكرة
biglietto (m) aereo	taðkirat ṭā'ira (f)	تذكرة طائرة
guida (f)	dalīl (m)	دليل
carta (f) geografica	xarīṭa (f)	خريطة
località (f)	mintaqa (f)	منطقة
luogo (m)	makān (m)	مكان
ogetti (m pl) esotici	ɣarāba (f)	غرابة
esotico (agg)	ɣarīb	غريب
sorprendente (agg)	mudhiʃ	مدهش
gruppo (m)	maʒmū'a (f)	مجموعة
escursione (f)	ʒawla (f)	جولة
guida (f) (cicerone)	murʃid (m)	مرشد

100. Hotel

albergo (m)	funduq (m)	فندق
motel (m)	mutīl (m)	موتيل
tre stelle	θalāθat nuʒūm	ثلاثة نجوم

Italiano	Traslitterazione	Arabo
cinque stelle	χamsat nuʒūm	خمسة نجوم
alloggiare (vi)	nazal	نزل
camera (f)	γurfa (f)	غرفة
camera (f) singola	γurfa li ʃaxṣ wāḥid (f)	غرفة لشخص واحد
camera (f) doppia	γurfa li ʃaxṣayn (f)	غرفة لشخصين
prenotare una camera	ḥaʒaz γurfa	حجز غرفة
mezza pensione (f)	waʒbitān fil yawm (du)	وجبتان في اليوم
pensione (f) completa	θalāθ waʒabāt fil yawm	ثلاث وجبات في اليوم
con bagno	bi ḥawḍ al istiḥmām	بحوض الإستحمام
con doccia	bid duʃ	بالدوش
televisione (f) satellitare	tilivizyūn faḍā'iy (m)	تلفزيون فضائيّ
condizionatore (m)	takyīf (m)	تكييف
asciugamano (m)	fūṭa (f)	فوطة
chiave (f)	miftāḥ (m)	مفتاح
amministratore (m)	mudīr (m)	مدير
cameriera (f)	'āmilat tanẓīf γuraf (f)	عاملة تنظيف غرف
portabagagli (m)	ḥammāl (m)	حمّال
portiere (m)	bawwāb (m)	بوّاب
ristorante (m)	maṭ'am (m)	مطعم
bar (m)	bār (m)	بار
colazione (f)	fuṭūr (m)	فطور
cena (f)	'aʃā' (m)	عشاء
buffet (m)	bufīh (m)	بوفيه
hall (f) (atrio d'ingresso)	radha (f)	ردهة
ascensore (m)	miṣ'ad (m)	مصعد
NON DISTURBARE	ar raʒā' 'adam al iz'āʒ	الرجاء عدم الإزعاج
VIETATO FUMARE!	mamnū' at tadχīn	ممنوع التدخين

ATTREZZATURA TECNICA. MEZZI DI TRASPORTO

Attrezzatura tecnica

101. Computer

computer (m)	kumbyūtir (m)	كمبيوتر
computer (m) portatile	kumbyūtir maḥmūl (m)	كمبيوتر محمول
accendere (vt)	ʃayɣal	شغّل
spegnere (vt)	aɣlaq	أغلق
tastiera (f)	lawḥat al mafātīḥ (f)	لوحة المفاتيح
tasto (m)	miftāḥ (m)	مفتاح
mouse (m)	faʔra (f)	فأرة
tappetino (m) del mouse	wisādat faʔra (f)	وسادة فأرة
tasto (m)	zirr (m)	زرّ
cursore (m)	muʔaʃʃir (m)	مؤشّر
monitor (m)	ʃāʃa (f)	شاشة
schermo (m)	ʃāʃa (f)	شاشة
disco (m) rigido	qurṣ ṣalib (m)	قرص صلب
spazio (m) sul disco rigido	siʕat taχzīn (f)	سعة تخزين
memoria (f)	ðākira (f)	ذاكرة
memoria (f) operativa	ðākirat al wuṣūl al ʕaʃwāʔiy (f)	ذاكرة الوصول العشوائيّ
file (m)	malaff (m)	ملفّ
cartella (f)	ḥāfiẓa (f)	حافظة
aprire (vt)	fataḥ	فتح
chiudere (vt)	aɣlaq	أغلق
salvare (vt)	ḥafaẓ	حفظ
eliminare (vt)	masaḥ	مسح
copiare (vt)	nasaχ	نسخ
ordinare (vt)	ṣannaf	صنّف
trasferire (vt)	naqal	نقل
programma (m)	barnāmaʒ (m)	برنامج
software (m)	barāmiʒ kumbyūtir (pl)	برامج كمبيوتر
programmatore (m)	mubarmiʒ (m)	مبرمج
programmare (vt)	barmaʒ	برمج
hacker (m)	hākir (m)	هاكر
password (f)	kalimat as sirr (f)	كلمة السرّ
virus (m)	virūs (m)	فيروس
trovare (un virus, ecc.)	waʒad	وجد
byte (m)	bayt (m)	بايت

megabyte (m)	miʒabāyt (m)	ميجابايت
dati (m pl)	bayānāt (pl)	بيانات
database (m)	qaʻidat bayānāt (f)	قاعدة بيانات
cavo (m)	kābil (m)	كابل
sconnettere (vt)	faṣal	فصل
collegare (vt)	waṣṣal	وصّل

102. Internet. Posta elettronica

internet (f)	intirnit (m)	إنترنت
navigatore (m)	mutaṣaffiḥ (m)	متصفح
motore (m) di ricerca	muḥarrik baḥθ (m)	محرّك بحث
provider (m)	ʃarikat al intirnīt (f)	شركة الإنترنيت
webmaster (m)	mudīr al mawqiʻ (m)	مدير الموقع
sito web (m)	mawqiʻ iliktrūniy (m)	موقع إلكتروني
pagina web (f)	ṣafḥat wīb (f)	صفحة ويب
indirizzo (m)	ʻunwān (m)	عنوان
rubrica (f) indirizzi	daftar al ʻanāwīn (m)	دفتر العناوين
casella (f) di posta	ṣundūq al barīd (m)	صندوق البريد
posta (f)	barīd (m)	بريد
troppo piena (agg)	mumtali'	ممتلىء
messaggio (m)	risāla iliktrūniyya (f)	رسالة إلكترونيّة
messaggi (m pl) in arrivo	rasa'il wārida (pl)	رسائل واردة
messaggi (m pl) in uscita	rasa'il ṣādira (pl)	رسائل صادرة
mittente (m)	mursil (m)	مرسل
inviare (vt)	arsal	أرسل
invio (m)	irsāl (m)	إرسال
destinatario (m)	mursal ilayh (m)	مرسل إليه
ricevere (vt)	istalam	إستلم
corrispondenza (f)	murāsala (f)	مراسلة
essere in corrispondenza	tarāsal	تراسل
file (m)	malaff (m)	ملفّ
scaricare (vt)	ḥammal	حمّل
creare (vt)	anʃa'	أنشأ
eliminare (vt)	masaḥ	مسح
eliminato (agg)	mamsūḥ	ممسوح
connessione (f)	ittiṣāl (m)	إتّصال
velocità (f)	surʻa (f)	سرعة
modem (m)	mudim (m)	مودم
accesso (m)	wuṣūl (m)	وصول
porta (f)	maxraʒ (m)	مخرج
collegamento (m)	ittiṣāl (m)	إتّصال
collegarsi a …	ittaṣal	إتّصل
scegliere (vt)	ixtār	إختار
cercare (vt)	baḥaθ	بحث

103. Elettricità

Italiano	Traslitterazione	Arabo
elettricità (f)	kahrabā' (m)	كهرباء
elettrico (agg)	kahrabā'iy	كهربائيّ
centrale (f) elettrica	maḥaṭṭa kahrabā'iyya (f)	محطّة كهربائيّة
energia (f)	ṭāqa (f)	طاقة
energia (f) elettrica	ṭāqa kahrabā'iyya (f)	طاقة كهربائيّة
lampadina (f)	lamba (f)	لمبة
torcia (f) elettrica	kaʃʃāf an nūr (m)	كشّاف النور
lampione (m)	ʻamūd an nūr (m)	عمود النور
luce (f)	nūr (m)	نور
accendere (luce)	fataḥ, ʃayyal	فتح، شغّل
spegnere (vt)	ṭaffa	طفّى
spegnere la luce	ṭaffa n nūr	طفّى النور
fulminarsi (vr)	inṭafa'	إنطفأ
corto circuito (m)	da'ira kahrabā'iyya qaṣīra (f)	دائرة كهربائية قصيرة
rottura (f) (~ di un cavo)	silk maqṭūʻ (m)	سلك مقطوع
contatto (m)	talāmus (m)	تلامس
interruttore (m)	miftāḥ an nūr (m)	مفتاح النور
presa (f) elettrica	barizat al kahrabā' (f)	بريزة الكهرباء
spina (f)	fīʃat al kahrabā' (f)	فيشة الكهرباء
prolunga (f)	silk tawṣīl (m)	سلك توصيل
fusibile (m)	fāṣima (f)	فاصمة
filo (m)	silk (m)	سلك
impianto (m) elettrico	aslāk (pl)	أسلاك
ampere (m)	ambīr (m)	أمبير
intensità di corrente	ʃiddat at tayyār al kahrabā'iy (f)	شدّة التيّار الكهربائيّ
volt (m)	vūlt (m)	فولت
tensione (f)	ʒuhd kahrabā'iy (m)	جهد كهربائيّ
apparecchio (m) elettrico	ʒihāz kahrabā'iy (m)	جهاز كهربائيّ
indicatore (m)	mu'aʃʃir (m)	مؤشّر
elettricista (m)	kahrabā'iy (m)	كهربائيّ
saldare (vt)	laḥam	لحم
saldatoio (m)	adāt laḥm (f)	أداة لحم
corrente (f)	tayyār kahrabā'iy (m)	تيّار كهربائيّ

104. Utensili

Italiano	Traslitterazione	Arabo
utensile (m)	adāt (f)	أداة
utensili (m pl)	adawāt (pl)	أدوات
impianto (m)	muʻaddāt (pl)	معدّات
martello (m)	miṭraqa (f)	مطرقة
giravite (m)	mifakk (m)	مفكّ

ascia (f)	faʃs (m)	فأس
sega (f)	minʃār (m)	منشار
segare (vt)	naʃar	نشر
pialla (f)	masḥāʒ (m)	مسحج
piallare (vt)	saḥaʒ	سحج
saldatoio (m)	adāt laḥm (f)	أداة لحم
saldare (vt)	laḥam	لحم
lima (f)	mibrad (m)	مبرد
tenaglie (f pl)	kammāʃa (f)	كمّاشة
pinza (f) a punte piatte	zardiyya (f)	زرديّة
scalpello (m)	izmīl (m)	إزميل
punta (f) da trapano	luqmat θaqb (m)	لقمة ثقب
trapano (m) elettrico	miθqab (m)	مثقب
trapanare (vt)	θaqab	ثقب
coltello (m)	sikkīn (m)	سكّين
coltello (m) da tasca	sikkīn ʒayb (m)	سكّين جيب
lama (f)	ʃafra (f)	شفرة
affilato (coltello ~)	ḥādd	حادّ
smussato (agg)	θālim	ثالم
smussarsi (vr)	taθallam	تثلّم
affilare (vt)	ʃaḥaδ	شحذ
bullone (m)	mismār qalāwūz (m)	مسمار قلاووظ
dado (m)	ṣamūla (f)	صامولة
filettatura (f)	naẓm (m)	نظم
vite (f)	qalāwūz (m)	قلاووظ
chiodo (m)	mismār (m)	مسمار
testa (f) di chiodo	ra's al mismār (m)	رأس المسمار
regolo (m)	masṭara (f)	مسطرة
nastro (m) metrico	ʃarīʼṭ al qiyās (m)	شريط القياس
livella (f)	mīzān al māʼ (m)	ميزان الماء
lente (f) d'ingrandimento	ʻadasa mukabbira (f)	عدسة مكبّرة
strumento (m) di misurazione	ʒihāz qiyās (m)	جهاز قياس
misurare (vt)	qās	قاس
scala (f) graduata	miqyās (m)	مقياس
lettura, indicazione (f)	qirāʼa (f)	قراءة
compressore (m)	ḍāɣiṭ al ɣāz (m)	ضاغط الغاز
microscopio (m)	mikruskūb (m)	ميكروسكوب
pompa (f) (~ dell'acqua)	ṭulumba (f)	طلمبة
robot (m)	rūbut (m)	روبوت
laser (m)	layzir (m)	ليزر
chiave (f)	miftāḥ aṣ ṣawāmīl (m)	مفتاح الصواميل
nastro (m) adesivo	lazq (m)	لزق
colla (f)	ṣamɣ (m)	صمغ
carta (f) smerigliata	waraq ṣanfara (m)	ورق صنفرة
molla (f)	sūsta (f)	سوستة

magnete (m)	miɣnaṭīs (m)	مغنطيس
guanti (m pl)	quffāz (m)	قفاز

corda (f)	ḥabl (m)	حبل
cordone (m)	ḥabl (m)	حبل
filo (m) (~ del telefono)	silk (m)	سلك
cavo (m)	kābil (m)	كابل

mazza (f)	mirzaba (f)	مرزبة
palanchino (m)	ʿatala (f)	عتلة
scala (f) a pioli	sullam (m)	سلّم
scala (m) a libretto	sullam (m)	سلّم

avvitare (stringere)	aḥkam aʃ ʃadd	أحكم الشدّ
svitare (vt)	fataḥ	فتح
stringere (vt)	kamaʃ	كمش
incollare (vt)	alṣaq	ألصق
tagliare (vt)	qaṭaʿ	قطع

guasto (m)	taʿaṭṭul (m)	تعطّل
riparazione (f)	iṣlāḥ (m)	إصلاح
riparare (vt)	aṣlaḥ	أصلح
regolare (~ uno strumento)	ḍabaṭ	ضبط

verificare (ispezionare)	ixtabar	إختبر
controllo (m)	faḥṣ (m)	فحص
lettura, indicazione (f)	qirāʾa (f)	قراءة

sicuro (agg)	matīn	متين
complesso (agg)	murakkab	مركّب

arrugginire (vi)	ṣadiʾ	صدئ
arrugginito (agg)	ṣadīʾ	صديء
ruggine (f)	ṣadaʾ (m)	صدأ

Mezzi di trasporto

105. Aeroplano

aereo (m)	ṭā'ira (f)	طائرة
biglietto (m) aereo	taðkirat ṭā'ira (f)	تذكرة طائرة
compagnia (f) aerea	ʃarikat ṭayarān (f)	شركة طيران
aeroporto (m)	maṭār (m)	مطار
supersonico (agg)	xāriq liṣ ṣawt	خارق للصوت
comandante (m)	qā'id aṭ ṭā'ira (m)	قائد الطائرة
equipaggio (m)	ṭāqim (m)	طاقم
pilota (m)	ṭayyār (m)	طيّار
hostess (f)	muḍīfat ṭayarān (f)	مضيفة طيران
navigatore (m)	mallāḥ (m)	ملّاح
ali (f pl)	aʒniḥa (pl)	أجنحة
coda (f)	ðayl (m)	ذيل
cabina (f)	kabīna (f)	كابينة
motore (m)	mutūr (m)	موتور
carrello (m) d'atterraggio	'aʒalāt al hubūṭ (pl)	عجلات الهبوط
turbina (f)	turbīna (f)	تربينة
elica (f)	mirwaḥa (f)	مروحة
scatola (f) nera	musaʒʒil aṭ ṭayarān (m)	مسجّل الطيران
barra (f) di comando	'aʒalat qiyāda (f)	عجلة قيادة
combustibile (m)	wuqūd (m)	وقود
safety card (f)	biṭāqat as salāma (f)	بطاقة السلامة
maschera (f) ad ossigeno	qinā' uksiʒīn (m)	قناع أوكسيجين
uniforme (f)	libās muwaḥḥad (m)	لباس موحّد
giubbotto (m) di salvataggio	sutrat naʒāt (f)	سترة نجاة
paracadute (m)	miʒallat hubūṭ (f)	مظلّة هبوط
decollo (m)	iqlā' (m)	إقلاع
decollare (vi)	aqla'at	أقلعت
pista (f) di decollo	madraʒ aṭ ṭā'irāt (m)	مدرج الطائرات
visibilità (f)	ru'ya (f)	رؤية
volo (m)	ṭayarān (m)	طيران
altitudine (f)	irtifā' (m)	إرتفاع
vuoto (m) d'aria	ʒayb hawā'iy (m)	جيب هوائيّ
posto (m)	maq'ad (m)	مقعد
cuffia (f)	sammā'āt ra'siya (pl)	سمّاعات رأسيّة
tavolinetto (m) pieghevole	ṣīniyya qābila liṭ ṭayy (f)	صينية قابلة للطيّ
oblò (m), finestrino (m)	ʃubbāk aṭ ṭā'ira (m)	شبّاك الطائرة
corridoio (m)	mamarr (m)	ممرّ

106. Treno

treno (m)	qiṭār (m)	قطار
elettrotreno (m)	qiṭār (m)	قطار
treno (m) rapido	qiṭār sarī' (m)	قطار سريع
locomotiva (f) diesel	qāṭirat dīzil (f)	قاطرة ديزل
locomotiva (f) a vapore	qāṭira buxāriyya (f)	قاطرة بخارية
carrozza (f)	'araba (f)	عربة
vagone (m) ristorante	'arabat al maṭ'am (f)	عربة المطعم
rotaie (f pl)	quḍubān (pl)	قضبان
ferrovia (f)	sikka ḥadīdiyya (f)	سكّة حديدية
traversa (f)	'āriḍa (f)	عارضة
banchina (f) (~ ferroviaria)	raṣīf (m)	رصيف
binario (m) (~ 1, 2)	xaṭṭ (m)	خطّ
semaforo (m)	simafūr (m)	سيمافور
stazione (f)	maḥaṭṭa (f)	محطّة
macchinista (m)	sā'iq (m)	سائق
portabagagli (m)	ḥammāl (m)	حمّال
cuccettista (m, f)	mas'ūl 'arabat al qiṭār (m)	مسؤول عربة القطار
passeggero (m)	rākib (m)	راكب
controllore (m)	kamsariy (m)	كمسريّ
corridoio (m)	mamarr (m)	ممرّ
freno (m) di emergenza	farāmil aṭ ṭawāri' (pl)	فرامل الطوارئ
scompartimento (m)	ɣurfa (f)	غرفة
cuccetta (f)	sarīr (m)	سرير
cuccetta (f) superiore	sarīr 'ulwiy (m)	سرير علويّ
cuccetta (f) inferiore	sarīr sufliy (m)	سرير سفليّ
biancheria (f) da letto	aɣṭiyat as sarīr (pl)	أغطية السرير
biglietto (m)	taðkira (f)	تذكرة
orario (m)	ʒadwal (m)	جدول
tabellone (m) orari	lawḥat ma'lūmāt (f)	لوحة معلومات
partire (vi)	ɣādar	غادر
partenza (f)	muɣādara (f)	مغادرة
arrivare (di un treno)	waṣal	وصل
arrivo (m)	wuṣūl (m)	وصول
arrivare con il treno	waṣal bil qiṭār	وصل بالقطار
salire sul treno	rakib al qiṭār	ركب القطار
scendere dal treno	nazil min al qiṭār	نزل من القطار
deragliamento (m)	ḥiṭām qiṭār (m)	حطام قطار
deragliare (vi)	xaraʒ 'an xaṭṭ sayrih	خرج عن خطّ سيره
locomotiva (f) a vapore	qāṭira buxāriyya (f)	قاطرة بخارية
fuochista (m)	'aṭaʃʒiy (m)	عطشجيّ
forno (m)	furn al muḥarrik (m)	فرن المحرّك
carbone (m)	faḥm (m)	فحم

107. Nave

Italiano	Traslitterazione	Arabo
nave (f)	safīna (f)	سفينة
imbarcazione (f)	safīna (f)	سفينة
piroscafo (m)	bāxira (f)	باخرة
barca (f) fluviale	bāxira nahriyya (f)	باخرة نهريّة
transatlantico (m)	bāxira siyahiyya (f)	باخرة سياحيّة
incrociatore (m)	ṭarrād (m)	طرّاد
yacht (m)	yaxt (m)	يخت
rimorchiatore (m)	qāṭira (f)	قاطرة
chiatta (f)	ṣandal (m)	صندل
traghetto (m)	'abbāra (f)	عبّارة
veliero (m)	safīna ʃirā'iyya (f)	سفينة شراعيّة
brigantino (m)	markab ʃirā'iy (m)	مركب شراعيّ
rompighiaccio (m)	muhaṭṭimat ʒalīd (f)	محطّمة جليد
sottomarino (m)	ɣawwāṣa (f)	غوّاصة
barca (f)	markab (m)	مركب
scialuppa (f)	zawraq (m)	زورق
scialuppa (f) di salvataggio	qārib naʒāt (m)	قارب نجاة
motoscafo (m)	lanʃ (m)	لنش
capitano (m)	qubṭān (m)	قبطان
marittimo (m)	bahhār (m)	بحّار
marinaio (m)	bahhār (m)	بحّار
equipaggio (m)	ṭāqim (m)	طاقم
nostromo (m)	raʾīs al bahhāra (m)	رئيس البحّارة
mozzo (m) di nave	ṣabiy as safīna (m)	صبي السفينة
cuoco (m)	ṭabbāx (m)	طبّاخ
medico (m) di bordo	ṭabīb as safīna (m)	طبيب السفينة
ponte (m)	saṭh as safīna (m)	سطح السفينة
albero (m)	sāriya (f)	سارية
vela (f)	ʃirāʿ (m)	شراع
stiva (f)	'ambar (m)	عنبر
prua (f)	muqaddama (m)	مقدّمة
poppa (f)	mu'axirat as safīna (f)	مؤخّرة السفينة
remo (m)	miʒðāf (m)	مجذاف
elica (f)	mirwaha (f)	مروحة
cabina (f)	kabīna (f)	كابينة
quadrato (m) degli ufficiali	ɣurfat al istirāha (f)	غرفة الإستراحة
sala (f) macchine	qism al 'ālāt (m)	قسم الآلات
ponte (m) di comando	burʒ al qiyāda (m)	برج القيادة
cabina (f) radiotelegrafica	ɣurfat al lāsilkiy (f)	غرفة اللاسلكيّ
onda (f)	mawʒa (f)	موجة
giornale (m) di bordo	siʒil as safīna (m)	سجل السفينة
cannocchiale (m)	minẓār (m)	منظار
campana (f)	ʒaras (m)	جرس

bandiera (f)	ʻalam (m)	علم
cavo (m) (~ d'ormeggio)	ḥabl (m)	حبل
nodo (m)	ʻuqda (f)	عقدة
ringhiera (f)	drabizīn (m)	درابزين
passerella (f)	sullam (m)	سلّم
ancora (f)	mirsāt (f)	مرساة
levare l'ancora	rafaʻ mirsāt	رفع مرساة
gettare l'ancora	rasa	رسا
catena (f) dell'ancora	silsilat mirsāt (f)	سلسلة مرساة
porto (m)	mīnā' (m)	ميناء
banchina (f)	marsa (m)	مرسى
ormeggiarsi (vr)	rasa	رسا
salpare (vi)	aqlaʻ	أقلع
viaggio (m)	riḥla (f)	رحلة
crociera (f)	riḥla baḥriyya (f)	رحلة بحرية
rotta (f)	masār (m)	مسار
itinerario (m)	ṭarīq (m)	طريق
tratto (m) navigabile	maʒra milāḥiy (m)	مجرى ملاحيّ
secca (f)	miyāh ḍaḥla (f)	مياه ضحلة
arenarsi (vr)	ʒanaḥ	جنح
tempesta (f)	ʻāṣifa (f)	عاصفة
segnale (m)	iʃāra (f)	إشارة
affondare (andare a fondo)	ɣariq	غرق
Uomo in mare!	saqaṭ raʒul min as safīna!	سقط رجل من السفينة!
SOS	nidāʼ iɣāθa (m)	نداء إغاثة
salvagente (m) anulare	ṭawq naʒāt (m)	طوق نجاة

108. Aeroporto

aeroporto (m)	maṭār (m)	مطار
aereo (m)	ṭāʼira (f)	طائرة
compagnia (f) aerea	ʃarikat ṭayarān (f)	شركة طيران
controllore (m) di volo	marāqib al ḥaraka al ʒawwiyya (pl)	مراقب الحركة الجوية
partenza (f)	muɣādara (f)	مغادرة
arrivo (m)	wuṣūl (m)	وصول
arrivare (vi)	waṣal	وصل
ora (f) di partenza	waqt al muɣādara (m)	وقت المغادرة
ora (f) di arrivo	waqt al wuṣūl (m)	وقت الوصول
essere ritardato	taʼaxxar	تأخّر
volo (m) ritardato	taʼaxxur ar riḥla (m)	تأخّر الرحلة
tabellone (m) orari	lawḥat al maʻlūmāt (f)	لوحة المعلومات
informazione (f)	istiʻlāmāt (pl)	إستعلامات
annunciare (vt)	aʻlan	أعلن

volo (m)	riḥla (f)	رحلة
dogana (f)	ʒamārik (pl)	جمارك
doganiere (m)	muwaẓẓaf al ʒamārik (m)	موظف الجمارك
dichiarazione (f)	taṣrīḥ ʒumrukiy (m)	تصريح جمركيّ
riempire	mala'	ملأ
(~ una dichiarazione)		
riempire una dichiarazione	mala' at taṣrīḥ	ملأ التصريح
controllo (m) passaporti	taftīʃ al ʒawāzāt (m)	تفتيش الجوازات
bagaglio (m)	aʃʃunaṭ (pl)	الشنط
bagaglio (m) a mano	ʃunaṭ al yad (pl)	شنط اليد
carrello (m)	'arabat ʃunaṭ (f)	عربة شنط
atterraggio (m)	hubūṭ (m)	هبوط
pista (f) di atterraggio	mamarr al hubūṭ (m)	ممرّ الهبوط
atterrare (vi)	habaṭ	هبط
scaletta (f) dell'aereo	sullam aṭ ṭā'ira (m)	سلّم الطائرة
check-in (m)	tasʒīl (m)	تسجيل
banco (m) del check-in	makān at tasʒīl (m)	مكان التسجيل
fare il check-in	saʒʒal	سجّل
carta (f) d'imbarco	biṭāqat ṣu'ūd (f)	بطاقة صعود
porta (f) d'imbarco	bawwābat al muɣādara (f)	بوّابة المغادرة
transito (m)	tranzīt (m)	ترانزيت
aspettare (vt)	intaẓar	إنتظر
sala (f) d'attesa	qā'at al muɣādara (f)	قاعة المغادرة
accompagnare (vt)	wadda'	ودّع
congedarsi (vr)	wadda'	ودّع

Situazioni quotidiane

109. Vacanze. Evento

festa (f)	'īd (m)	عيد
festa (f) nazionale	'īd waṭaniy (m)	عيد وطنيّ
festività (f) civile	yawm al 'uṭla ar rasmiyya (m)	يوم العطلة الرسمية
festeggiare (vt)	iḥtafal	إحتفل
avvenimento (m)	ḥadaθ (m)	حدث
evento (m) (organizzare un ~)	munasaba (f)	مناسبة
banchetto (m)	walīma (f)	وليمة
ricevimento (m)	ḥaflat istiqbāl (f)	حفلة إستقبال
festino (m)	walīma (f)	وليمة
anniversario (m)	ðikra sanawiyya (f)	ذكرى سنويّة
giubileo (m)	yubīl (m)	يوبيل
festeggiare (vt)	iḥtafal	إحتفل
Capodanno (m)	ra's as sana (m)	رأس السنة
Buon Anno!	kull sana wa anta ṭayyib!	كلّ سنة وأنت طيّب!
Babbo Natale (m)	baba nuwīl (m)	بابا نويل
Natale (m)	'īd al mīlād (m)	عيد الميلاد
Buon Natale!	'īd mīlād sa'īd!	عيد ميلاد سعيد!
Albero (m) di Natale	ʃaʒarat ra's as sana (f)	شجرة رأس السنة
fuochi (m pl) artificiali	al'āb nāriyya (pl)	ألعاب ناريّة
nozze (f pl)	zifāf (m)	زفاف
sposo (m)	'arīs (m)	عريس
sposa (f)	'arūsa (f)	عروسة
invitare (vt)	da'a	دعا
invito (m)	biṭāqat da'wa (f)	بطاقة دعوة
ospite (m)	ḍayf (m)	ضيف
andare a trovare	zār	زار
accogliere gli invitati	istaqbal aḍ ḍuyūf	إستقبل الضيوف
regalo (m)	hadiyya (f)	هديّة
offrire (~ un regalo)	qaddam	قدّم
ricevere i regali	istalam al hadāya	إستلم الهدايا
mazzo (m) di fiori	bāqat zuhūr (f)	باقة زهور
auguri (m pl)	tahnī'a (f)	تهنئة
augurare (vt)	hanna'	هنّأ
cartolina (f)	biṭāqat tahnī'a (f)	بطاقة تهنئة
mandare una cartolina	arsal biṭāqat tahni'a	أرسل بطاقة تهنئة
ricevere una cartolina	istalam biṭāqat tahnī'a	إستلم بطاقة تهنئة

brindisi (m)	naxb (m)	نخب
offrire (~ qualcosa da bere)	dayyaf	ضيّف
champagne (m)	ʃambāniya (f)	شمبانيا
divertirsi (vr)	istamtaʻ	إستمتع
allegria (f)	faraḥ (m)	فرح
gioia (f)	saʻāda (f)	سعادة
danza (f), ballo (m)	rāqiṣa (f)	رقصة
ballare (vi, vt)	raqaṣ	رقص
valzer (m)	vāls (m)	فالس
tango (m)	tāngu (m)	تانجو

110. Funerali. Sepoltura

cimitero (m)	maqbara (f)	مقبرة
tomba (f)	qabr (m)	قبر
croce (f)	ṣalīb (m)	صليب
pietra (f) tombale	ʃāhid al qabr (m)	شاهد القبر
recinto (m)	sūr (m)	سور
cappella (f)	kanīsa sayīra (f)	كنيسة صغيرة
morte (f)	mawt (m)	موت
morire (vi)	māt	مات
defunto (m)	al mutawaffi (m)	المتوفّي
lutto (m)	ḥidād (m)	حداد
seppellire (vt)	dafan	دفن
sede (f) di pompe funebri	bayt al ʒanāzāt (m)	بيت الجنازات
funerale (m)	ʒanāza (f)	جنازة
corona (f) di fiori	iklīl (m)	إكليل
bara (f)	tābūt (m)	تابوت
carro (m) funebre	sayyārat naql al mawta (f)	سيّارة نقل الموتى
lenzuolo (m) funebre	kafan (m)	كفن
corteo (m) funebre	ʒanāza (f)	جنازة
urna (f) funeraria	qārūra li ḥifẓ ramād al mawta (f)	قارورة لحفظ رماد الموتى
crematorio (m)	maḥraqat ʒuθaθ al mawta (f)	محرقة جثث الموتى
necrologio (m)	naʻiy (m)	نعيّ
piangere (vi)	baka	بكى
singhiozzare (vi)	naḥab	نحب

111. Guerra. Soldati

plotone (m)	faṣīla (f)	فصيلة
compagnia (f)	sariyya (f)	سريّة
reggimento (m)	fawʒ (m)	فوج
esercito (m)	ʒayʃ (m)	جيش

divisione (f)	firqa (f)	فرقة
distaccamento (m)	waḥda (f)	وحدة
armata (f)	ʒayʃ (m)	جيش
soldato (m)	ʒundiy (m)	جنديّ
ufficiale (m)	ḍābiṭ (m)	ضابط
soldato (m) semplice	ʒundiy (m)	جنديّ
sergente (m)	raqīb (m)	رقيب
tenente (m)	mulāzim (m)	ملازم
capitano (m)	naqīb (m)	نقيب
maggiore (m)	rā'id (m)	رائد
colonnello (m)	ʻaqīd (m)	عقيد
generale (m)	ʒinirāl (m)	جنرال
marinaio (m)	baḥḥār (m)	بحّار
capitano (m)	qubṭān (m)	قبطان
nostromo (m)	raʻīs al baḥḥāra (m)	رئيس البحّارة
artigliere (m)	madfaʻiy (m)	مدفعيّ
paracadutista (m)	ʒundiy al maẓallāt (m)	جنديّ المظلّات
pilota (m)	ṭayyār (m)	طيّار
navigatore (m)	mallāḥ (m)	ملّاح
meccanico (m)	mikanīkiy (m)	ميكانيكيّ
geniere (m)	muhandis ʻaskariy (m)	مهندس عسكريّ
paracadutista (m)	miẓalliy (m)	مظلّيّ
esploratore (m)	mustakʃif (m)	مستكشف
cecchino (m)	qannāṣ (m)	قنّاص
pattuglia (f)	dawriyya (f)	دوريّة
pattugliare (vt)	qām bi dawriyya	قام بدوريّة
sentinella (f)	ḥāris (m)	حارس
guerriero (m)	muḥārib (m)	محارب
patriota (m)	waṭaniy (m)	وطنيّ
eroe (m)	baṭal (m)	بطل
eroina (f)	baṭala (f)	بطلة
traditore (m)	χā'in (m)	خائن
tradire (vt)	χān	خان
disertore (m)	hārib min al ʒayʃ (m)	هارب من الجيش
disertare (vi)	harab min al ʒayʃ	هرب من الجيش
mercenario (m)	maʼʒūr (m)	مأجور
recluta (f)	ʒundiy ʒadīd (m)	جنديّ جديد
volontario (m)	mutaṭawwiʻ (m)	متطوّع
ucciso (m)	qatīl (m)	قتيل
ferito (m)	ʒarīḥ (m)	جريح
prigioniero (m) di guerra	asīr (m)	أسير

112. Guerra. Azioni militari. Parte 1

guerra (f)	ḥarb (f)	حرب
essere in guerra	ḥārab	حارب

guerra (f) civile	ḥarb ahliyya (f)	حرب أهليّة
perfidamente	γadran	غدرًا
dichiarazione (f) di guerra	i'lān ḥarb (m)	إعلان حرب
dichiarare (~ guerra)	a'lan	أعلن
aggressione (f)	'udwān (m)	عدوان
attaccare (vt)	haʒam	هجم
invadere (vt)	iḥtall	إحتلّ
invasore (m)	muḥtall (m)	محتلّ
conquistatore (m)	fātiḥ (m)	فاتح
difesa (f)	difā' (m)	دفاع
difendere (~ un paese)	dāfa'	دافع
difendersi (vr)	dāfa' 'an nafsih	دافع عن نفسه
nemico (m)	'aduww (m)	عدوّ
avversario (m)	χaṣm (m)	خصم
ostile (agg)	'aduww	عدوّ
strategia (f)	istratiʒiyya (f)	إستراتيجيّة
tattica (f)	taktīk (m)	تكتيك
ordine (m)	amr (m)	أمر
comando (m)	amr (m)	أمر
ordinare (vt)	amar	أمر
missione (f)	muhimma (f)	مهمّة
segreto (agg)	sirriy	سرّيّ
battaglia (f)	ma'raka (f)	معركة
combattimento (m)	qitāl (m)	قتال
attacco (m)	huʒūm (m)	هجوم
assalto (m)	inqiḍāḍ (m)	إنقضاض
assalire (vt)	inqaḍḍ	إنقضّ
assedio (m)	ḥiṣār (m)	حصار
offensiva (f)	huʒūm (m)	هجوم
passare all'offensiva	haʒam	هجم
ritirata (f)	insiḥāb (m)	إنسحاب
ritirarsi (vr)	insaḥab	إنسحب
accerchiamento (m)	iḥāṭa (f)	إحاطة
accerchiare (vt)	aḥāṭ	أحاط
bombardamento (m)	qaṣf (m)	قصف
lanciare una bomba	asqaṭ qumbula	أسقط قنبلة
bombardare (vt)	qaṣaf	قصف
esplosione (f)	infiʒār (m)	إنفجار
sparo (m)	ṭalaqa (f)	طلقة
sparare un colpo	aṭlaq an nār	أطلق النار
sparatoria (f)	iṭlāq an nār (m)	إطلاق النار
puntare su ...	ṣawwab	صوّب
puntare (~ una pistola)	ṣawwab	صوّب

colpire (~ il bersaglio)	aṣāb al hadaf	أصاب الهدف
affondare (mandare a fondo)	aɣraq	أغرق
falla (f)	θuqb (m)	ثقب
affondare (andare a fondo)	ɣariq	غرق
fronte (m) (~ di guerra)	ʒabha (f)	جبهة
evacuazione (f)	iχlā' aṭ ṭawāri' (m)	إخلاء الطوارئ
evacuare (vt)	aχla	أخلى
trincea (f)	χandaq (m)	خندق
filo (m) spinato	aslāk ʃā'ika (pl)	أسلاك شائكة
sbarramento (m)	ḥāʒiz (m)	حاجز
torretta (f) di osservazione	burʒ muraqaba (m)	برج مراقبة
ospedale (m) militare	mustaʃfa 'askariy (m)	مستشفى عسكريّ
ferire (vt)	ʒaraḥ	جرح
ferita (f)	ʒurḥ (m)	جرح
ferito (m)	ʒarīḥ (m)	جريح
rimanere ferito	uṣīb bil ʒirāḥ	أصيب بالجراح
grave (ferita ~)	χaṭīr	خطير

113. Guerra. Azioni militari. Parte 2

prigionia (f)	asr (m)	أسر
fare prigioniero	asar	أسر
essere prigioniero	kān asīran	كان أسيرًا
essere fatto prigioniero	waqa' fil asr	وقع في الأسر
campo (m) di concentramento	mu'askar i'tiqāl (m)	معسكر إعتقال
prigioniero (m) di guerra	asīr (m)	أسير
fuggire (vi)	harab	هرب
tradire (vt)	χān	خان
traditore (m)	χā'in (m)	خائن
tradimento (m)	χiyāna (f)	خيانة
fucilare (vt)	a'dam ramyan bir raṣāṣ	أعدم رميًا بالرصاص
fucilazione (f)	i'dām ramyan bir raṣāṣ (m)	إعدام رميًا بالرصاص
divisa (f) militare	al 'itād al 'askariy (m)	العتاد العسكريّ
spallina (f)	katāfa (f)	كتافة
maschera (f) antigas	qinā' al ɣāz (m)	قناع الغاز
radiotrasmettitore (m)	ʒihāz lāsilkiy (m)	جهاز لاسلكيّ
codice (m)	ʃifra (f)	شفرة
complotto (m)	sirriyya (f)	سرّية
parola (f) d'ordine	kalimat al murūr (f)	كلمة مرور
mina (f)	laɣm (m)	لغم
minare (~ la strada)	laɣɣam	لغّم
campo (m) minato	ḥaql alɣām (m)	حقل ألغام
allarme (m) aereo	inðār ʒawwiy (m)	إنذار جوّيّ
allarme (m)	inðār (m)	إنذار

segnale (m)	iʃāra (f)	إشارة
razzo (m) di segnalazione	iʃāra muḍīʾa (f)	إشارة مضيئة
quartier (m) generale	maqarr (m)	مقرّ
esplorazione (m)	kaʃʃāfat al istiṭlāʿ (f)	كشّافة الإستطلاع
situazione (f)	waḍʿ (m)	وضع
rapporto (m)	taqrīr (m)	تقرير
agguato (m)	kamīn (m)	كمين
rinforzo (m)	imdādāt ʿaskariyya (pl)	إمدادات عسكريّة
bersaglio (m)	hadaf (m)	هدف
terreno (m) di caccia	ḥaql taʒārib (m)	حقل تجارب
manovre (f pl)	munāwarāt ʿaskariyya (pl)	مناورات عسكريّة
panico (m)	ðuʿr (m)	ذعر
devastazione (f)	damār (m)	دمار
distruzione (m)	ḥiṭām (pl)	حطام
distruggere (vt)	dammar	دمّر
sopravvivere (vi, vt)	naʒa	نجا
disarmare (vt)	ʒarrad min as silāḥ	جرّد من السلاح
maneggiare (una pistola, ecc.)	istaʿmal	إستعمل
Attenti!	intibāh!	إنتباه!
Riposo!	istariḥ!	إسترح!
atto (m) eroico	maʾθara (f)	مأثرة
giuramento (m)	qasam (m)	قسم
giurare (vi)	aqsam	أقسم
decorazione (f)	wisām (m)	وسام
decorare (qn)	manaḥ	منح
medaglia (f)	midāliyya (f)	ميداليّة
ordine (m) (~ al Merito)	wisām ʿaskariy (m)	وسام عسكريّ
vittoria (f)	intiṣār - fawz (m)	إنتصار, فوز
sconfitta (m)	hazīma (f)	هزيمة
armistizio (m)	hudna (f)	هدنة
bandiera (f)	rāyat al maʿraka (f)	راية المعركة
gloria (f)	maʒd (m)	مجد
parata (f)	istiʿrāḍ ʿaskariy (m)	إستعراض عسكريّ
marciare (in parata)	sār	سار

114. Armi

armi (f pl)	asliḥa (pl)	أسلحة
arma (f) da fuoco	asliḥa nāriyya (pl)	أسلحة ناريّة
arma (f) bianca	asliḥa bayḍāʾ (pl)	أسلحة بيضاء
armi (f pl) chimiche	asliḥa kīmyāʾiyya (pl)	أسلحة كيميائيّة
nucleare (agg)	nawawiy	نوويّ
armi (f pl) nucleari	asliḥa nawawiyya (pl)	أسلحة نوويّة

Italiano	Traslitterazione	Arabo
bomba (f)	qumbula (f)	قنبلة
bomba (f) atomica	qumbula nawawiyya (f)	قنبلة نوويّة
pistola (f)	musaddas (m)	مسدّس
fucile (m)	bunduqiyya (f)	بندقيّة
mitra (m)	bunduqiyya huǧūmiyya (f)	بندقيّة هجوميّة
mitragliatrice (f)	raššāš (m)	رشّاش
bocca (f)	fūha (f)	فوهة
canna (f)	sabṭāna (f)	سبطانة
calibro (m)	ʿiyār (m)	عيار
grilletto (m)	zinād (m)	زناد
mirino (m)	muṣawwib (m)	مصوّب
caricatore (m)	maxzan (m)	مخزن
calcio (m)	ʿaqab al bunduqiyya (m)	عقب البندقيّة
bomba (f) a mano	qumbula yadawiyya (f)	قنبلة يدويّة
esplosivo (m)	mawādd mutafaǧǧira (pl)	موادّ متفجّرة
pallottola (f)	ruṣāṣa (f)	رصاصة
cartuccia (f)	xartūša (f)	خرطوشة
carica (f)	ḥašwa (f)	حشوة
munizioni (f pl)	ðaxāʾir (pl)	ذخائر
bombardiere (m)	qāðifat qanābil (f)	قاذفة قنابل
aereo (m) da caccia	ṭāʾira muqātila (f)	طائرة مقاتلة
elicottero (m)	hiliukūbtir (m)	هليكوبتر
cannone (m) antiaereo	madfaθ muḍādd liṭ ṭaʾirāṭ (m)	مدفع مضادّ للطائرات
carro (m) armato	dabbāba (f)	دبّابة
cannone (m)	madfaʿ ad dabbāba (m)	مدفع الدبّابة
artiglieria (f)	madfaʿiyya (f)	مدفعيّة
cannone (m)	madfaʿ (m)	مدفع
mirare a …	ṣawwab	صوّب
proiettile (m)	qaðīfa (f)	قذيفة
granata (f) da mortaio	qumbula hāwun (f)	قنبلة هاون
mortaio (m)	hāwun (m)	هاون
scheggia (f)	šaẓiyya (f)	شظيّة
sottomarino (m)	ɣawwāṣa (f)	غوّاصة
siluro (m)	ṭurbīd (m)	طوربيد
missile (m)	ṣārūx (m)	صاروخ
caricare (~ una pistola)	ḥaša	حشا
sparare (vi)	aṭlaq an nār	أطلق النار
puntare su …	ṣawwab	صوّب
baionetta (f)	ḥarba (f)	حربة
spada (f)	šīš (m)	شيش
sciabola (f)	sayf munḥani (m)	سيف منحن
lancia (f)	rumḥ (m)	رمح
arco (m)	qaws (m)	قوس
freccia (f)	sahm (m)	سهم

moschetto (m)	muskīt (m)	مسكيت
balestra (f)	qaws musta'raḍ (m)	قوس مستعرض

115. Gli antichi

primitivo (agg)	bidā'iy	بدائيّ
preistorico (agg)	ma qabl at tarīx	ما قبل التاريخ
antico (agg)	qadīm	قديم
Età (f) della pietra	al 'aṣr al ḥaẓariy (m)	العصر الحجريّ
Età (f) del bronzo	al 'aṣr al brunziy (m)	العصر البرونزيّ
epoca (f) glaciale	al 'aṣr al ʒalīdiy (m)	العصر الجليديّ
tribù (f)	qabīla (f)	قبيلة
cannibale (m)	'ākil laḥm al baʃar (m)	آكل لحم البشر
cacciatore (m)	ṣayyād (m)	صيّاد
cacciare (vt)	iṣṭād	إصطاد
mammut (m)	mamūθ (m)	ماموث
caverna (f), grotta (f)	kahf (m)	كهف
fuoco (m)	nār (f)	نار
falò (m)	nār muxayyam (m)	نار مخيّم
pittura (f) rupestre	rasm fil kahf (m)	رسم في الكهف
strumento (m) di lavoro	adāt (f)	أداة
lancia (f)	rumḥ (m)	رمح
ascia (f) di pietra	fa's ḥaẓariy (m)	فأس حجريّ
essere in guerra	ḥārab	حارب
addomesticare (vt)	daʒʒan	دجّن
idolo (m)	ṣanam (m)	صنم
idolatrare (vt)	'abad	عبد
superstizione (f)	xurāfa (f)	خرافة
rito (m)	mansak (m)	منسك
evoluzione (f)	taṭawwur (m)	تطوّر
sviluppo (m)	numuww (m)	نموّ
estinzione (f)	ixtifā' (m)	إختفاء
adattarsi (vr)	takayyaf	تكيّف
archeologia (f)	'ilm al 'āθār (m)	علم الآثار
archeologo (m)	'ālim 'āθār (m)	عالم آثار
archeologico (agg)	aθariy	أثريّ
sito (m) archeologico	mawqi' ḥafr (m)	موقع حفر
scavi (m pl)	tanqīb (m)	تنقيب
reperto (m)	iktiʃāf (m)	إكتشاف
frammento (m)	qiṭ'a (f)	قطعة

116. Il Medio Evo

popolo (m)	ʃa'b (m)	شعب
popoli (m pl)	ʃu'ūb (pl)	شعوب

tribù (f)	qabīla (f)	قبيلة
tribù (f pl)	qabā'il (pl)	قبائل
barbari (m pl)	al barābira (pl)	البرابرة
galli (m pl)	al ɣalyūn (pl)	الغاليون
goti (m pl)	al qūṭiyyūn (pl)	القوطيّون
slavi (m pl)	as silāf (pl)	السلاف
vichinghi (m pl)	al vaykinɣ (pl)	الفايكينغ
romani (m pl)	ar rūmān (pl)	الرومان
romano (agg)	rumāniy	رومانيّ
bizantini (m pl)	bizanṭiyyūn (pl)	بيزنطيّون
Bisanzio (m)	bīzanṭa (f)	بيزنطة
bizantino (agg)	bizanṭiy	بيزنطيّ
imperatore (m)	imbiraṭūr (m)	إمبراطور
capo (m)	za'īm (m)	زعيم
potente (un re ~)	qawiy	قويّ
re (m)	malik (m)	ملك
governante (m) (sovrano)	ḥākim (m)	حاكم
cavaliere (m)	fāris (m)	فارس
feudatario (m)	iqṭā'iy (m)	إقطاعيّ
feudale (agg)	iqṭā'iy	إقطاعيّ
vassallo (m)	muqṭa' (m)	مقطع
duca (m)	dūq (m)	دوق
conte (m)	īrl (m)	إيرل
barone (m)	barūn (m)	بارون
vescovo (m)	usquf (m)	أسقف
armatura (f)	dir' (m)	درع
scudo (m)	turs (m)	ترس
spada (f)	sayf (m)	سيف
visiera (f)	ḥāffa amāmiyya lil ҳūḏa (f)	حافة أماميّة للخوذة
cotta (f) di maglia	dir' az zarad (m)	درع الزرد
crociata (f)	ḥamla ṣalībiyya (f)	حملة صليبيّة
crociato (m)	ṣalībiy (m)	صليبيّ
territorio (m)	arḍ (f)	أرض
attaccare (vt)	haʒam	هجم
conquistare (vt)	fataḥ	فتح
occupare (invadere)	iḥtall	إحتلّ
assedio (m)	ḥiṣār (m)	حصار
assediato (agg)	muḥāṣar	محاصر
assediare (vt)	ḥāṣar	حاصر
inquisizione (f)	maḥākim at taftīʃ (pl)	محاكم التفتيش
inquisitore (m)	mufattiʃ (m)	مفتّش
tortura (f)	ta'ðīb (m)	تعذيب
crudele (agg)	qās	قاس
eretico (m)	harṭūqiy (m)	هرطوقيّ
eresia (f)	harṭaqa (f)	هرطقة

navigazione (f)	as safar bil baḥr (m)	السفر بالبحر
pirata (m)	qurṣān (m)	قرصان
pirateria (f)	qarṣana (f)	قرصنة
arrembaggio (m)	muhāǯmat safīna (f)	مهاجمة سفينة
bottino (m)	ɣanīma (f)	غنيمة
tesori (m)	kunūz (pl)	كنوز
scoperta (f)	iktiʃāf (m)	إكتشاف
scoprire (~ nuove terre)	iktaʃaf	إكتشف
spedizione (f)	baʿθa (f)	بعثة
moschettiere (m)	fāris (m)	فارس
cardinale (m)	kardināl (m)	كاردينال
araldica (f)	ʃiʿārāt an nabāla (pl)	شعارات النبالة
araldico (agg)	χāṣṣ bi ʃiʿārāt an nabāla	خاصّ بشعارات النبالة

117. Leader. Capo. Le autorità

re (m)	malik (m)	ملك
regina (f)	malika (f)	ملكة
reale (agg)	malakiy	ملكيّ
regno (m)	mamlaka (f)	مملكة
principe (m)	amīr (m)	أمير
principessa (f)	amīra (f)	أميرة
presidente (m)	raʾīs (m)	رئيس
vicepresidente (m)	nāʾib ar raʾīs (m)	نائب الرئيس
senatore (m)	ʿuḍw maǯlis aʃ ʃuyūχ (m)	عضو مجلس الشيوخ
monarca (m)	ʿāhil (m)	عاهل
governante (m) (sovrano)	ḥākim (m)	حاكم
dittatore (m)	diktatūr (m)	ديكتاتور
tiranno (m)	ṭāɣiya (f)	طاغية
magnate (m)	raʾsmāliy kabīr (m)	رأسمالي كبير
direttore (m)	mudīr (m)	مدير
capo (m)	raʾīs (m)	رئيس
dirigente (m)	mudīr (m)	مدير
capo (m)	raʾīs (m), mudīr (m)	رئيس, مدير
proprietario (m)	ṣāḥib (m)	صاحب
leader (m)	zaʿīm (m)	زعيم
capo (m) (~ delegazione)	raʾīs (m)	رئيس
autorità (f pl)	suluṭāt (pl)	سلطات
superiori (m pl)	ruʾasāʾ (pl)	رؤساء
governatore (m)	muḥāfiẓ (m)	محافظ
console (m)	qunṣul (m)	قنصل
diplomatico (m)	diblumāsiy (m)	دبلوماسيّ
sindaco (m)	raʾīs al baladiyya (m)	رئيس البلديّة
sceriffo (m)	ʃarīf (m)	شريف
imperatore (m)	imbiraṭūr (m)	إمبراطور
zar (m)	qayṣar (m)	قيصر

faraone (m)	fir'awn (m)	فرعون
khan (m)	χān (m)	خان

118. Infrangere la legge. Criminali. Parte 1

bandito (m)	qāṭi' ṭarīq (m)	قاطع طريق
delitto (m)	ʒarīma (f)	جريمة
criminale (m)	muʒrim (m)	مجرم
ladro (m)	sāriq (m)	سارق
rubare (vi, vt)	saraq	سرق
furto (m), ruberia (f)	sirqa (f)	سرقة
rapire (vt)	χaṭaf	خطف
rapimento (m)	χaṭf (m)	خطف
rapitore (m)	χāṭif (m)	خاطف
riscatto (m)	fidya (f)	فدية
chiedere il riscatto	ṭalab fidya	طلب فدية
rapinare (vt)	nahab	نهب
rapina (f)	nahb (m)	نهب
rapinatore (m)	nahhāb (m)	نهّاب
estorcere (vt)	balṭaʒ	بلطج
estorsore (m)	balṭaʒiy (m)	بلطجي
estorsione (f)	balṭaʒa (f)	بلطجة
uccidere (vt)	qatal	قتل
assassinio (m)	qatl (m)	قتل
assassino (m)	qātil (m)	قاتل
sparo (m)	ṭalaqat nār (f)	طلقة نار
tirare un colpo	aṭlaq an nār	أطلق النار
abbattere (con armi da fuoco)	qatal bir ruṣāṣ	قتل بالرصاص
sparare (vi)	aṭlaq an nār	أطلق النار
sparatoria (f)	iṭlāq an nār (m)	إطلاق النار
incidente (m) (rissa, ecc.)	ḥādiθ (m)	حادث
rissa (f)	'irāk (m)	عراك
Aiuto!	sā'idni	ساعدني!
vittima (f)	ḍaḥiyya (f)	ضحيّة
danneggiare (vt)	atlaf	أتلف
danno (m)	χasāra (f)	خسارة
cadavere (m)	ʒuθθa (f)	جثّة
grave (reato ~)	'anīf	عنيف
aggredire (vt)	haʒam	هجم
picchiare (vt)	ḍarab	ضرب
malmenare (picchiare)	ḍarab	ضرب
sottrarre (vt)	salab	سلب
accoltellare a morte	ṭa'an ḥatta al mawt	طعن حتّى الموت
mutilare (vt)	ʃawwah	شوّه

ferire (vt)	ʒaraḥ	جرح
ricatto (m)	balṭaʒa (f)	بلطجة
ricattare (vt)	ibtazz	إبتزّ
ricattatore (m)	mubtazz (m)	مبتزّ
estorsione (f)	naṣb (m)	نصب
estortore (m)	naṣṣāb (m)	نصّاب
gangster (m)	raʒul ʻiṣāba (m)	رجل عصابة
mafia (f)	māfia (f)	مافيا
borseggiatore (m)	naʃʃāl (m)	نشّال
scassinatore (m)	liṣṣ buyūt (m)	لصّ بيوت
contrabbando (m)	tahrīb (m)	تهريب
contrabbandiere (m)	muharrib (m)	مهرّب
falsificazione (f)	tazwīr (m)	تزوير
falsificare (vt)	zawwar	زوّر
falso, falsificato (agg)	muzawwar	مزوّر

119. Infrangere la legge. Criminali. Parte 2

stupro (m)	iɣtiṣāb (m)	إغتصاب
stuprare (vt)	iɣtaṣab	إغتصب
stupratore (m)	muɣtaṣib (m)	مغتصب
maniaco (m)	mahwūs (m)	مهووس
prostituta (f)	ʻāhira (f)	عاهرة
prostituzione (f)	daʻāra (f)	دعارة
magnaccia (m)	qawwād (m)	قوّاد
drogato (m)	mudmin muxaddirāt (m)	مدمن مخدّرات
trafficante (m) di droga	tāʒir muxaddirāt (m)	تاجر مخدّرات
far esplodere	faʒʒar	فجّر
esplosione (f)	infiʒār (m)	إنفجار
incendiare (vt)	aʃʻal an nār	أشعل النار
incendiario (m)	muʃʻil ḥarīq (m)	مشعل حريق
terrorismo (m)	irhāb (m)	إرهاب
terrorista (m)	irhābiy (m)	إرهابيّ
ostaggio (m)	rahīna (f)	رهينة
imbrogliare (vt)	iḥtāl	إحتال
imbroglio (m)	iḥtiyāl	إحتيال
imbroglione (m)	muḥtāl (m)	محتال
corrompere (vt)	raʃa	رشا
corruzione (f)	irtiʃāʼ (m)	إرتشاء
bustarella (f)	raʃwa (f)	رشوة
veleno (m)	samm (m)	سمّ
avvelenare (vt)	sammam	سمّم
avvelenarsi (vr)	sammam nafsahu	سمّم نفسه
suicidio (m)	intiḥār (m)	إنتحار

suicida (m)	muntaḥir (m)	منتحر
minacciare (vt)	haddad	هدّد
minaccia (f)	tahdīd (m)	تهديد
attentare (vi)	ḥāwal iɣtiyāl	حاول الإغتيال
attentato (m)	muḥāwalat iɣtiyāl (f)	محاولة إغتيال
rubare (~ una macchina)	saraq	سرق
dirottare (~ un aereo)	ixtaṭaf	إختطف
vendetta (f)	intiqām (m)	إنتقام
vendicare (vt)	intaqam	إنتقم
torturare (vt)	ʻaððab	عذّب
tortura (f)	taʻðīb (m)	تعذيب
maltrattare (vt)	ʻaððab	عذّب
pirata (m)	qurṣān (m)	قرصان
teppista (m)	wabaʃ (m)	وبش
armato (agg)	musallaḥ	مسلّح
violenza (f)	ʻunf (m)	عنف
illegale (agg)	ɣayr qānūniy	غير قانونيّ
spionaggio (m)	taʒassas (m)	تجسّس
spiare (vi)	taʒassas	تجسّس

120. Polizia. Legge. Parte 1

giustizia (f)	qaḍāʼ (m)	قضاء
tribunale (m)	maḥkama (f)	محكمة
giudice (m)	qāḍi (m)	قاض
giurati (m)	muḥallafūn (pl)	مفلّفين
processo (m) con giuria	qaḍāʼ al muḥallafīn (m)	قضاء المحلّفين
giudicare (vt)	ḥakam	حكم
avvocato (m)	muḥāmi (m)	محام
imputato (m)	muddaʻa ʻalayh (m)	مدّعى عليه
banco (m) degli imputati	qafṣ al ittihām (m)	قفص الإتهام
accusa (f)	ittihām (m)	إتّهام
accusato (m)	muttaham (m)	متّهم
condanna (f)	ḥukm (m)	حكم
condannare (vt)	ḥakam	حكم
colpevole (m)	muðnib (m)	مذنب
punire (vt)	ʻāqab	عاقب
punizione (f)	ʻuqūba (f), ʻiqāb (m)	عقوبة، عقاب
multa (f), ammenda (f)	ɣarāma (f)	غرامة
ergastolo (m)	siʒn mada al ḥayāt (m)	سجن مدى الحياة
pena (f) di morte	ʻuqūbat ʼiʻdām (f)	عقوبة إعدام
sedia (f) elettrica	kursiy kaharabāʼiy (m)	كرسيّ كهربائيّ
impiccagione (f)	maʃnaqa (f)	مشنقة

giustiziare (vt)	a'dam	أعدم
esecuzione (f)	i'dām (m)	إعدام
prigione (f)	siʒn (m)	سجن
cella (f)	zinzāna (f)	زنزانة
scorta (f)	ḥirāsa (f)	حراسة
guardia (f) carceraria	ḥāris siʒn (m)	حارس سجن
prigioniero (m)	saʒīn (m)	سجين
manette (f pl)	aṣfād (pl)	أصفاد
mettere le manette	ṣaffad	صفّد
fuga (f)	hurūb min as siʒn (m)	هروب من السجن
fuggire (vi)	harab	هرب
scomparire (vi)	iχtafa	إختفى
liberare (vt)	aχla sabīl	أخلى سبيل
amnistia (f)	'afw 'āmm (m)	عفو عام
polizia (f)	ʃurṭa (f)	شرطة
poliziotto (m)	ʃurṭiy (m)	شرطيّ
commissariato (m)	qism ʃurṭa (m)	قسم شرطة
manganello (m)	hirāwat aʃ ʃurṭiy (f)	هراوة الشرطيّ
altoparlante (m)	būq (m)	بوق
macchina (f) di pattuglia	sayyārat dawrīyyāt (f)	سيّارة دوريّات
sirena (f)	ṣaffārat inðār (f)	صفّارة إنذار
mettere la sirena	aṭlaq sirīna	أطلق سرينة
suono (m) della sirena	ṣawt sirīna (m)	صوت سرينة
luogo (m) del crimine	masraḥ al ʒarīma (m)	مسرح الجريمة
testimone (m)	ʃāhid (m)	شاهد
libertà (f)	ḥurriyya (f)	حرّيّة
complice (m)	ʃarīk fil ʒarīma (m)	شريك في الجريمة
fuggire (vi)	harab	هرب
traccia (f)	aθar (m)	أثر

121. Polizia. Legge. Parte 2

ricerca (f) (~ di un criminale)	baḥθ (m)	بحث
cercare (vt)	baḥaθ	بحث
sospetto (m)	ʃubha (f)	شبهة
sospetto (agg)	maʃbūh	مشبوه
fermare (vt)	awqaf	أوقف
arrestare (qn)	i'taqal	إعتقل
causa (f)	qaḍiyya (f)	قضيّة
inchiesta (f)	taḥqīq (m)	تحقيق
detective (m)	muḥaqqiq (m)	محقّق
investigatore (m)	mufattiʃ (m)	مفتّش
versione (f)	riwāya (f)	رواية
movente (m)	dāfi' (m)	دافع
interrogatorio (m)	istiʒwāb (m)	إستجواب

interrogare (sospetto)	istaʒwab	إستجوب
interrogare (vicini)	istanṭaq	إستنطق
controllo (m) (~ di polizia)	faḥṣ (m)	فحص
retata (f)	ʒamʻ (m)	جمع
perquisizione (f)	taftīʃ (m)	تفتيش
inseguimento (m)	muṭārada (f)	مطاردة
inseguire (vt)	ṭārad	طارد
essere sulle tracce	tābaʻ	تابع
arresto (m)	iʻtiqāl (m)	إعتقال
arrestare (qn)	iʻtaqal	إعتقل
catturare (~ un ladro)	qabaḍ	قبض
cattura (f)	qabḍ (m)	قبض
documento (m)	waθīqa (f)	وثيقة
prova (f), reperto (m)	dalīl (m)	دليل
provare (vt)	aθbat	أثبت
impronta (f) del piede	baṣma (f)	بصمة
impronte (f pl) digitali	baṣamāt al aṣābiʻ (pl)	بصمات الأصابع
elemento (m) di prova	dalīl (m)	دليل
alibi (m)	dafʻ bil ɣayba (f)	دفع بالغيبة
innocente (agg)	barīʼ	بريء
ingiustizia (f)	ẓulm (m)	ظلم
ingiusto (agg)	ɣayr ʻādil	غير عادل
criminale (agg)	iʒrāmiy	إجراميّ
confiscare (vt)	ṣādar	صادر
droga (f)	muxaddirāt (pl)	مخدّرات
armi (f pl)	silāḥ (m)	سلاح
disarmare (vt)	ʒarrad min as silāḥ	جرّد من السلاح
ordinare (vt)	amar	أمر
sparire (vi)	ixtafa	إختفى
legge (f)	qānūn (m)	قانون
legale (agg)	qānūniy, ʃarʻiy	قانونيّ، شرعيّ
illegale (agg)	ɣayr qanūny, ɣayr ʃarʻi	غير قانونيّ، غير شرعيّ
responsabilità (f)	masʼūliyya (f)	مسؤوليّة
responsabile (agg)	masʼūl (m)	مسؤول

LA NATURA

La Terra. Parte 1

122. L'Universo

cosmo (m)	faḍā' (m)	فضاء
cosmico, spaziale (agg)	faḍā'iy	فضائيّ
spazio (m) cosmico	faḍā' (m)	فضاء
mondo (m)	'ālam (m)	عالم
universo (m)	al kawn (m)	الكون
galassia (f)	al maʒarra (f)	المجرّة
stella (f)	naʒm (m)	نجم
costellazione (f)	burʒ (m)	برج
pianeta (m)	kawkab (m)	كوكب
satellite (m)	qamar ṣinā'iy (m)	قمر صناعيّ
meteorite (m)	ḥaʒar nayzakiy (m)	حجر نيزكيّ
cometa (f)	muðannab (m)	مذنّب
asteroide (m)	kuwaykib (m)	كويكب
orbita (f)	madār (m)	مدار
ruotare (vi)	dār	دار
atmosfera (f)	al ɣilāf al ʒawwiy (m)	الغلاف الجوّيّ
il Sole	aʃ ʃams (f)	الشمس
sistema (m) solare	al maʒmū'a aʃ ʃamsiyya (f)	المجموعة الشمسيّة
eclisse (f) solare	kusūf aʃ ʃams (m)	كسوف الشمس
la Terra	al arḍ (f)	الأرض
la Luna	al qamar (m)	القمر
Marte (m)	al mirrīx (m)	المرّيخ
Venere (f)	az zahra (f)	الزهرة
Giove (m)	al muʃtari (m)	المشتري
Saturno (m)	zuḥal (m)	زحل
Mercurio (m)	'aṭārid (m)	عطارد
Urano (m)	urānus (m)	اورانوس
Nettuno (m)	nibtūn (m)	نبتون
Plutone (m)	blūtu (m)	بلوتو
Via (f) Lattea	darb at tabbāna (m)	درب التبّانة
Orsa (f) Maggiore	ad dubb al akbar (m)	الدبّ الأكبر
Stella (f) Polare	naʒm al 'quṭb (m)	نجم القطب
marziano (m)	sākin al mirrīx (m)	ساكن المرّيخ
extraterrestre (m)	faḍā'iy	فضائيّ

alieno (m)	faḍā'iy (m)	فضائيّ
disco (m) volante	ṭabaq ṭā'ir (m)	طبق طائر
nave (f) spaziale	markaba faḍā'iyya (f)	مركبة فضائيّة
stazione (f) spaziale	maḥaṭṭat faḍā' (f)	محطّة فضاء
lancio (m)	intilāq (m)	إنطلاق
motore (m)	mutūr (m)	موتور
ugello (m)	manfaθ (m)	منفث
combustibile (m)	wuqūd (m)	وقود
cabina (f) di pilotaggio	kabīna (f)	كابينة
antenna (f)	hawā'iy (m)	هوائيّ
oblò (m)	kuwwa mustadīra (f)	كوّة مستديرة
batteria (f) solare	lawḥ ʃamsiy (m)	لوح شمسيّ
scafandro (m)	baðlat al faḍā' (f)	بذلة الفضاء
imponderabilità (f)	in'idām al wazn (m)	إنعدام الوزن
ossigeno (m)	uksiʒīn (m)	أكسجين
aggancio (m)	rasw (m)	رسو
agganciarsi (vr)	rasa	رسا
osservatorio (m)	marṣad (m)	مرصد
telescopio (m)	tiliskūp (m)	تلسكوب
osservare (vt)	rāqab	راقب
esplorare (vt)	istakʃaf	إستكشف

123. La Terra

la Terra	al arḍ (f)	الأرض
globo (m) terrestre	al kura al arḍiyya (f)	الكرة الأرضيّة
pianeta (m)	kawkab (m)	كوكب
atmosfera (f)	al ɣilāf al ʒawwiy (m)	الغلاف الجوّيّ
geografia (f)	ʒuɣrāfiya (f)	جغرافيا
natura (f)	ṭabī'a (f)	طبيعة
mappamondo (m)	namūðaʒ lil kura al arḍiyya (m)	نموذج للكرة الأرضيّة
carta (f) geografica	χarīṭa (f)	خريطة
atlante (m)	aṭlas (m)	أطلس
Europa (f)	urūbba (f)	أوروبّا
Asia (f)	'āsiya (f)	آسيا
Africa (f)	afrīqiya (f)	أفريقيا
Australia (f)	usturāliya (f)	أستراليا
America (f)	amrīka (f)	أمريكا
America (f) del Nord	amrīka aʃ ʃimāliyya (f)	أمريكا الشماليّة
America (f) del Sud	amrīka al ʒanūbiyya (f)	أمريكا الجنوبيّة
Antartide (f)	al quṭb al ʒanūbiy (m)	القطب الجنوبيّ
Artico (m)	al quṭb aʃ ʃimāliy (m)	القطب الشماليّ

124. Punti cardinali

nord (m)	šimāl (m)	شمال
a nord	ilaš šimāl	إلى الشمال
al nord	fiš šimāl	في الشمال
del nord (agg)	šimāliy	شماليّ
sud (m)	ʒanūb (m)	جنوب
a sud	ilal ʒanūb	إلى الجنوب
al sud	fil ʒanūb	في الجنوب
del sud (agg)	ʒanūbiy	جنوبيّ
ovest (m)	γarb (m)	غرب
a ovest	ilal γarb	إلى الغرب
all'ovest	fil γarb	في الغرب
dell'ovest, occidentale	γarbiy	غربيّ
est (m)	šarq (m)	شرق
a est	ilaš šarq	إلى الشرق
all'est	fiš šarq	في الشرق
dell'est, orientale	šarqiy	شرقيّ

125. Mare. Oceano

mare (m)	baḥr (m)	بحر
oceano (m)	muḥīṭ (m)	محيط
golfo (m)	xalīʒ (m)	خليج
stretto (m)	maḍīq (m)	مضيق
terra (f) (terra firma)	barr (m)	برّ
continente (m)	qārra (f)	قارّة
isola (f)	ʒazīra (f)	جزيرة
penisola (f)	šibh ʒazīra (f)	شبه جزيرة
arcipelago (m)	maʒmūʿat ʒuzur (f)	مجموعة جزر
baia (f)	xalīʒ (m)	خليج
porto (m)	mīnāʾ (m)	ميناء
laguna (f)	buḥayra šāṭiʾa (f)	بحيرة شاطئة
capo (m)	raʾs (m)	رأس
atollo (m)	ʒazīra marʒāniyya istiwāʾiyya (f)	جزيرة مرجانيّة إستوائيّة
scogliera (f)	šiʿāb (pl)	شعاب
corallo (m)	murʒān (m)	مرجان
barriera (f) corallina	šiʿāb marʒāniyya (pl)	شعاب مرجانيّة
profondo (agg)	ʿamīq	عميق
profondità (f)	ʿumq (m)	عمق
abisso (m)	mahwāt (f)	مهواة
fossa (f) (~ delle Marianne)	xandaq (m)	خندق
corrente (f)	tayyār (m)	تيّار
circondare (vt)	aḥāṭ	أحاط

litorale (m)	sāḥil (m)	ساحل
costa (f)	sāḥil (m)	ساحل
alta marea (f)	madd (m)	مدّ
bassa marea (f)	ʒazr (m)	جزر
banco (m) di sabbia	miyāh ḍaḥla (f)	مياه ضحلة
fondo (m)	qāʿ (m)	قاع
onda (f)	mawʒa (f)	موجة
cresta (f) dell'onda	qimmat mawʒa (f)	قمّة موجة
schiuma (f)	zabad al baḥr (m)	زبد البحر
tempesta (f)	ʿāṣifa (f)	عاصفة
uragano (m)	iʿṣār (m)	إعصار
tsunami (m)	tsunāmi (m)	تسونامي
bonaccia (f)	hudūʾ (m)	هدوء
tranquillo (agg)	hādiʾ	هادئ
polo (m)	quṭb (m)	قطب
polare (agg)	quṭby	قطبيّ
latitudine (f)	ʿarḍ (m)	عرض
longitudine (f)	ṭūl (m)	طول
parallelo (m)	mutawāzi (m)	متواز
equatore (m)	xaṭṭ al istiwāʾ (m)	خط الإستواء
cielo (m)	samāʾ (f)	سماء
orizzonte (m)	ufuq (m)	أفق
aria (f)	hawāʾ (m)	هواء
faro (m)	manāra (f)	منارة
tuffarsi (vr)	ɣāṣ	غاص
affondare (andare a fondo)	ɣariq	غرق
tesori (m)	kunūz (pl)	كنوز

126. Nomi dei mari e degli oceani

Oceano (m) Atlantico	al muḥīṭ al aṭlasiy (m)	المحيط الأطلسيّ
Oceano (m) Indiano	al muḥīṭ al hindiy (m)	المحيط الهنديّ
Oceano (m) Pacifico	al muḥīṭ al hādiʾ (m)	المحيط الهادئ
mar (m) Glaciale Artico	al muḥīṭ il mutaʒammid aʃ ʃimāliy (m)	المحيط المتجمّد الشماليّ
mar (m) Nero	al baḥr al aswad (m)	البحر الأسود
mar (m) Rosso	al baḥr al aḥmar (m)	البحر الأحمر
mar (m) Giallo	al baḥr al aṣfar (m)	البحر الأصفر
mar (m) Bianco	al baḥr al abyaḍ (m)	البحر الأبيض
mar (m) Caspio	baḥr qazwīn (m)	بحر قزوين
mar (m) Morto	al baḥr al mayyit (m)	البحر الميّت
mar (m) Mediterraneo	al baḥr al abyaḍ al mutawassiṭ (m)	البحر الأبيض المتوسّط
mar (m) Egeo	baḥr īʒah (m)	بحر إيجة
mar (m) Adriatico	al baḥr al adriyatīkiy (m)	البحر الأدرياتيكيّ

mar (m) Arabico	baḥr al ʻarab (m)	بحر العرب
mar (m) del Giappone	baḥr al yabān (m)	بحر اليابان
mare (m) di Bering	baḥr birinʒ (m)	بحر بيرينغ
mar (m) Cinese meridionale	baḥr aṣ ṣīn al ʒanūbiy (m)	بحر الصين الجنوبيّ
mar (m) dei Coralli	baḥr al marʒān (m)	بحر المرجان
mar (m) di Tasman	baḥr tasmān (m)	بحر تسمان
mar (m) dei Caraibi	al baḥr al karībiy (m)	البحر الكاريبيّ
mare (m) di Barents	baḥr barints (m)	بحر بارينس
mare (m) di Kara	baḥr kara (m)	بحر كارا
mare (m) del Nord	baḥr aʃ ʃimāl (m)	بحر الشمال
mar (m) Baltico	al baḥr al balṭīq (m)	البحر البلطيق
mare (m) di Norvegia	baḥr an narwīʒ (m)	بحر النرويج

127. Montagne

monte (m), montagna (f)	ʒabal (m)	جبل
catena (f) montuosa	silsilat ʒibāl (f)	سلسلة جبال
crinale (m)	qimam ʒabaliyya (pl)	قمم جبليّة
cima (f)	qimma (f)	قمّة
picco (m)	qimma (f)	قمّة
piedi (m pl)	asfal (m)	أسفل
pendio (m)	munḥadar (m)	منحدر
vulcano (m)	burkān (m)	بركان
vulcano (m) attivo	burkān naʃiṭ (m)	بركان نشط
vulcano (m) inattivo	burkān xāmid (m)	بركان خامد
eruzione (f)	θawrān (m)	ثوران
cratere (m)	fūhat al burkān (f)	فوهة البركان
magma (m)	māyma (f)	ماغما
lava (f)	ḥumam burkāniyya (pl)	حمم بركانيّة
fuso (lava ~a)	munṣahira	منصهرة
canyon (m)	talʻa (m)	تلعة
gola (f)	wādi ḍayyiq (m)	واد ضيّق
crepaccio (m)	ʃaqq (m)	شقّ
precipizio (m)	hāwiya (f)	هاوية
passo (m), valico (m)	mamarr ʒabaliy (m)	ممرّ جبليّ
altopiano (m)	haḍba (f)	هضبة
falesia (f)	ʒurf (m)	جرف
collina (f)	tall (m)	تلّ
ghiacciaio (m)	nahr ʒalīdiy (m)	نهر جليديّ
cascata (f)	ʃallāl (m)	شلّال
geyser (m)	fawwāra ḥārra (f)	فوّارة حارّة
lago (m)	buḥayra (f)	بحيرة
pianura (f)	sahl (m)	سهل
paesaggio (m)	manẓar ṭabīʻiy (m)	منظر طبيعيّ

eco (f)	ṣada (m)	صدى
alpinista (m)	mutasalliq al ʒibāl (m)	متسلّق الجبال
scalatore (m)	mutasalliq ṣuxūr (m)	متسلّق صخور
conquistare (~ una cima)	taɣallab ʿala	تغلّب على
scalata (f)	tasalluq (m)	تسلّق

128. Nomi delle montagne

Alpi (f pl)	ʒibāl al alb (pl)	جبال الألب
Monte (m) Bianco	mūn blūn (m)	مون بلون
Pirenei (m pl)	ʒibāl al barānis (pl)	جبال البرانس
Carpazi (m pl)	ʒibāl al karbāt (pl)	جبال الكاريات
gli Urali (m pl)	ʒibāl al ʾūrāl (pl)	جبال الأورال
Caucaso (m)	ʒibāl al qawqāz (pl)	جبال القوقاز
Monte (m) Elbrus	ʒabal ilbrūs (m)	جبل البروس
Monti (m pl) Altai	ʒibāl altāy (pl)	جبال ألتاي
Tien Shan (m)	ʒibāl tian ʃan (pl)	جبال تيان شان
Pamir (m)	ʒibāl bamīr (pl)	جبال بامير
Himalaia (m)	himalāya (pl)	هيمالايا
Everest (m)	ʒabal ivirist (m)	جبل افرست
Ande (f pl)	ʒibāl al andīz (pl)	جبال الأنديز
Kilimangiaro (m)	ʒabal kilimanʒāru (m)	جبل كليمنجارو

129. Fiumi

fiume (m)	nahr (m)	نهر
fonte (f) (sorgente)	ʿayn (m)	عين
letto (m) (~ del fiume)	maʒra an nahr (m)	مجرى النهر
bacino (m)	ḥawḍ (m)	حوض
sfociare nel ...	ṣabb fi ...	صبّ في...
affluente (m)	rāfid (m)	رافد
riva (f)	ḍiffa (f)	ضفّة
corrente (f)	tayyār (m)	تيّار
a valle	f ittiʒāh maʒra an nahr	في إتجاه مجرى النهر
a monte	ḍidd at tayyār	ضدّ التيّار
inondazione (f)	ɣamr (m)	غمر
piena (f)	fayaḍān (m)	فيضان
straripare (vi)	fāḍ	فاض
inondare (vt)	ɣamar	غمر
secca (f)	miyāh ḍaḥla (f)	مياه ضحلة
rapida (f)	munḥadar an nahr (m)	منحدر النهر
diga (f)	sadd (m)	سدّ
canale (m)	qanāt (f)	قناة
bacino (m) di riserva	xazzān māʾiy (m)	خزّان مائيّ

chiusa (f)	hawīs (m)	هويس
specchio (m) d'acqua	masṭaḥ mā'iy (m)	مسطح مائيّ
palude (f)	mustanqaʿ (m)	مستنقع
pantano (m)	mustanqaʿ (m)	مستنقع
vortice (m)	dawwāma (f)	دوّامة
ruscello (m)	ӡadwal mā'iy (m)	جدول مائيّ
potabile (agg)	aʃʃurb	الشرب
dolce (di acqua ~)	ʿaðb	عذب
ghiaccio (m)	ӡalīd (m)	جليد
ghiacciarsi (vr)	taӡammad	تجمّد

130. Nomi dei fiumi

Senna (f)	nahr as sīn (m)	نهر السين
Loira (f)	nahr al lua:r (m)	نهر اللوار
Tamigi (m)	nahr at tīmz (m)	نهر التيمز
Reno (m)	nahr ar rayn (m)	نهر الراين
Danubio (m)	nahr ad danūb (m)	نهر الدانوب
Volga (m)	nahr al vulɣa (m)	نهر الفولغا
Don (m)	nahr ad dūn (m)	نهر الدون
Lena (f)	nahr līna (m)	نهر لينا
Fiume (m) Giallo	an nahr al aṣfar (m)	النهر الأصفر
Fiume (m) Azzurro	nahr al yanɣtsi (m)	نهر اليانغتسي
Mekong (m)	nahr al mikunɣ (m)	نهر الميكونغ
Gange (m)	nahr al ɣānӡ (m)	نهر الغانج
Nilo (m)	nahr an nīl (m)	نهر النيل
Congo (m)	nahr al kunɣu (m)	نهر الكونغو
Okavango	nahr ukavanӡu (m)	نهر اوكافانجو
Zambesi (m)	nahr az zambizi (m)	نهر الزمبيزي
Limpopo (m)	nahr limbubu (m)	نهر ليمبوبو
Mississippi (m)	nahr al mississibbi (m)	نهر الميسيسيبي

131. Foresta

foresta (f)	ɣāba (f)	غابة
forestale (agg)	ɣāba	غابة
foresta (f) fitta	ɣāba kaθīfa (f)	غابة كثيفة
boschetto (m)	ɣāba ṣaɣīra (f)	غابة صغيرة
radura (f)	minṭaqa uzīlat minha al aʃӡār (f)	منطقة أزيلت منها الأشجار
roveto (m)	aӡama (f)	أجمة
boscaglia (f)	ʃuӡayrāt (pl)	شجيرات
sentiero (m)	mamarr (m)	ممرّ
calanco (m)	wādi ḍayyiq (m)	واد ضيّق

albero (m)	ʃaʒara (f)	شجرة
foglia (f)	waraqa (f)	ورقة
fogliame (m)	waraq (m)	ورق
caduta (f) delle foglie	tasāquṭ al awrāq (m)	تساقط الأوراق
cadere (vi)	saqaṭ	سقط
cima (f)	ra's (m)	رأس
ramo (m), ramoscello (m)	ɣuṣn (m)	غصن
ramo (m)	ɣuṣn (m)	غصن
gemma (f)	bur'um (m)	برعم
ago (m)	ʃawka (f)	شوكة
pigna (f)	kūz aṣ ṣanawbar (m)	كوز الصنوبر
cavità (f)	ʒawf (m)	جوف
nido (m)	'uʃʃ (m)	عشّ
tana (f) (del fox, ecc.)	ʒuḥr (m)	جحر
tronco (m)	ʒiðʿ (m)	جذع
radice (f)	ʒiðr (m)	جذر
corteccia (f)	liḥā' (m)	لحاء
musco (m)	ṭuḥlub (m)	طحلب
sradicare (vt)	iqtalaʿ	إقتلع
abbattere (~ un albero)	qaṭaʿ	قطع
disboscare (vt)	azāl al ɣābāt	أزال الغابات
ceppo (m)	ʒiðʿ aʃ ʃaʒara (m)	جذع الشجرة
falò (m)	nār muxayyam (m)	نار مخيّم
incendio (m) boschivo	ḥarīq ɣāba (m)	حريق غابة
spegnere (vt)	aṭfa'	أطفأ
guardia (f) forestale	ḥāris al ɣāba (m)	حارس الغابة
protezione (f)	ḥimāya (f)	حماية
proteggere (~ la natura)	ḥama	حمى
bracconiere (m)	sāriq aṣ ṣayd (m)	سارق الصيد
tagliola (f) (~ per orsi)	maṣyada (f)	مصيدة
raccogliere (vt)	ʒamaʿ	جمع
perdersi (vr)	tāh	تاه

132. Risorse naturali

risorse (f pl) naturali	θarawāt ṭabīʿiyya (pl)	ثروات طبيعيّة
minerali (m pl)	ma'ādin (pl)	معادن
deposito (m) (~ di carbone)	makāmin (pl)	مكامن
giacimento (m) (~ petrolifero)	ḥaql (m)	حقل
estrarre (vt)	istaxraʒ	إستخرج
estrazione (f)	istixrāʒ (m)	إستخراج
minerale (m) grezzo	xām (m)	خام
miniera (f)	manʒam (m)	منجم
pozzo (m) di miniera	manʒam (m)	منجم
minatore (m)	'āmil manʒam (m)	عامل منجم

Italiano	Traslitterazione	العربية
gas (m)	ɣāz (m)	غاز
gasdotto (m)	χaṭṭ anābīb ɣāz (m)	خط أنابيب غاز
petrolio (m)	nafṭ (m)	نفط
oleodotto (m)	anābīb an nafṭ (pl)	أنابيب النفط
torre (f) di estrazione	bi'r an nafṭ (m)	بئر النفط
torre (f) di trivellazione	ḥaffāra (f)	حفّارة
petroliera (f)	nāqilat an nafṭ (f)	ناقلة النفط
sabbia (f)	raml (m)	رمل
calcare (m)	ḥaʒar kalsiy (m)	حجر كلسيّ
ghiaia (f)	ḥaṣa (m)	حصى
torba (f)	χaθθ faḥm nabātiy (m)	خثّ فحم نباتيّ
argilla (f)	ṭīn (m)	طين
carbone (m)	faḥm (m)	فحم
ferro (m)	ḥadīd (m)	حديد
oro (m)	ðahab (m)	ذهب
argento (m)	fiḍḍa (f)	فضّة
nichel (m)	nikil (m)	نيكل
rame (m)	nuḥās (m)	نحاس
zinco (m)	zink (m)	زنك
manganese (m)	manɣanīz (m)	منغنيز
mercurio (m)	zi'baq (m)	زئبق
piombo (m)	ruṣāṣ (m)	رصاص
minerale (m)	ma'dan (m)	معدن
cristallo (m)	ballūra (f)	بلّورة
marmo (m)	ruχām (m)	رخام
uranio (m)	yurānuim (m)	يورانيوم

La Terra. Parte 2

133. Tempo

tempo (m)	ṭaqs (m)	طقس
previsione (f) del tempo	naʃra ʒawwiyya (f)	نشرة جويّة
temperatura (f)	ḥarāra (f)	حرارة
termometro (m)	tirmūmitr (m)	ترمومتر
barometro (m)	barūmitr (m)	باromتر

umido (agg)	raṭib	رطب
umidità (f)	ruṭūba (f)	رطوبة
caldo (m), afa (f)	ḥarāra (f)	حرارة
molto caldo (agg)	ḥārr	حارّ
fa molto caldo	al ʒaww ḥārr	الجوّ حارّ

fa caldo	al ʒaww dāfiʾ	الجوّ دافئ
caldo, mite (agg)	dāfiʾ	دافئ

fa freddo	al ʒaww bārid	الجوّ بارد
freddo (agg)	bārid	بارد

sole (m)	ʃams (f)	شمس
splendere (vi)	aḍāʾ	أضاء
di sole (una giornata ~)	muʃmis	مشمس
sorgere, levarsi (vr)	ʃaraq	شرق
tramontare (vi)	ɣarab	غرب

nuvola (f)	saḥāba (f)	سحابة
nuvoloso (agg)	ɣāʾim	غائم
nube (f) di pioggia	saḥābat maṭar (f)	سحابة مطر
nuvoloso (agg)	ɣāʾim	غائم

pioggia (f)	maṭar (m)	مطر
piove	innaha tamṭur	إنّها تمطر

piovoso (agg)	mumṭir	ممطر
piovigginare (vi)	raðð	رذّ

pioggia (f) torrenziale	maṭar munhamir (f)	مطر منهمر
acquazzone (m)	maṭar ɣazīr (m)	مطر غزير
forte (una ~ pioggia)	ʃadīd	شديد

pozzanghera (f)	birka (f)	بركة
bagnarsi (~ sotto la pioggia)	ibtall	إبتلّ

foschia (f), nebbia (f)	ḍabāb (m)	ضباب
nebbioso (agg)	muḍabbab	مضبّب
neve (f)	θalʒ (m)	ثلج
nevica	innaha taθluʒ	إنّها تثلج

134. Rigide condizioni metereologiche. Disastri naturali

temporale (m)	ʻāṣifa raʻdiyya (f)	عاصفة رعديّة
fulmine (f)	barq (m)	برق
lampeggiare (vi)	baraq	برق
tuono (m)	raʻd (m)	رعد
tuonare (vi)	raʻad	رعد
tuona	tarʻad as samā'	ترعد السماء
grandine (f)	maṭar bard (m)	مطر برد
grandina	tamṭur as samā' bardan	تمطر السماء بردًا
inondare (vt)	ɣamar	غمر
inondazione (f)	fayaḍān (m)	فيضان
terremoto (m)	zilzāl (m)	زلزال
scossa (f)	hazza arḍiyya (f)	هزّة أرضيّة
epicentro (m)	markaz az zilzāl (m)	مركز الزلزال
eruzione (f)	θawrān (m)	ثوران
lava (f)	ḥumam burkāniyya (pl)	حمم بركانيّة
tromba (f), tornado (m)	iʻṣār (m)	إعصار
tifone (m)	ṭūfān (m)	طوفان
uragano (m)	iʻṣār (m)	إعصار
tempesta (f)	ʻāṣifa (f)	عاصفة
tsunami (m)	tsunāmi (m)	تسونامي
ciclone (m)	iʻṣār (m)	إعصار
maltempo (m)	ṭaqs sayyi' (m)	طقس سيّء
incendio (m)	ḥarīq (m)	حريق
disastro (m)	kāriθa (f)	كارثة
meteorite (m)	ḥaʒar nayzakiy (m)	حجر نيزكيّ
valanga (f)	inhiyār θalʒiy (m)	إنهيار ثلجيّ
slavina (f)	inhiyār θalʒiy (m)	إنهيار ثلجيّ
tempesta (f) di neve	ʻāṣifa θalʒiyya (f)	عاصفة ثلجيّة
bufera (f) di neve	ʻāṣifa θalʒiyya (f)	عاصفة ثلجيّة

Fauna

135. Mammiferi. Predatori

predatore (m)	ḥayawān muftaris (m)	حيوان مفترس
tigre (f)	namir (m)	نمر
leone (m)	asad (m)	أسد
lupo (m)	ði'b (m)	ذئب
volpe (m)	θa'lab (m)	ثعلب
giaguaro (m)	namir amrīkiy (m)	نمر أمريكيّ
leopardo (m)	fahd (m)	فهد
ghepardo (m)	namir ṣayyād (m)	نمر صيّاد
pantera (f)	namir aswad (m)	نمر أسود
puma (f)	būma (m)	بوما
leopardo (m) delle nevi	namir aθ θulūʒ (m)	نمر الثلوج
lince (f)	waʃaq (m)	وشق
coyote (m)	qayūṭ (m)	قيوط
sciacallo (m)	ibn 'āwa (m)	ابن آوى
iena (f)	ḍabu' (m)	ضبع

136. Animali selvatici

animale (m)	ḥayawān (m)	حيوان
bestia (f)	ḥayawān (m)	حيوان
scoiattolo (m)	sinʒāb (m)	سنجاب
riccio (m)	qumfuð (m)	قنفذ
lepre (f)	arnab barriy (m)	أرنب برّيّ
coniglio (m)	arnab (m)	أرنب
tasso (m)	ɣarīr (m)	غرير
procione (f)	rākūn (m)	راكون
criceto (m)	qidād (m)	قداد
marmotta (f)	marmuṭ (m)	مرموط
talpa (f)	χuld (m)	خلد
topo (m)	fa'r (m)	فأر
ratto (m)	ʒurað (m)	جرذ
pipistrello (m)	χuffāʃ (m)	خفّاش
ermellino (m)	qāqum (m)	قاقم
zibellino (m)	sammūr (m)	سمّور
martora (f)	dalaq (m)	دلق
donnola (f)	ibn 'irs (m)	إبن عرس
visone (m)	mink (m)	منك

castoro (m)	qundus (m)	قندس
lontra (f)	quḍāʿa (f)	قضاعة
cavallo (m)	ḥiṣān (m)	حصان
alce (m)	mūz (m)	موظ
cervo (m)	ayyil (m)	أيّل
cammello (m)	ʒamal (m)	جمل
bisonte (m) americano	bisūn (m)	بيسون
bisonte (m) europeo	θawr barriy (m)	ثور برّي
bufalo (m)	ʒāmūs (m)	جاموس
zebra (f)	ḥimār zarad (m)	حمار زرد
antilope (f)	ẓabiy (m)	ظبي
capriolo (m)	yaḥmūr (m)	يحمور
daino (m)	ayyil asmar urubbiy (m)	أيّل أسمر أوروبّيّ
camoscio (m)	ʃamwāh (f)	شاموآه
cinghiale (m)	xinzīr barriy (m)	خنزير برّي
balena (f)	ḥūt (m)	حوت
foca (f)	fuqma (f)	فقمة
tricheco (m)	fazz (m)	فظّ
otaria (f)	fuqmat al firāʾ (f)	فقمة الفراء
delfino (m)	dilfīn (m)	دلفين
orso (m)	dubb (m)	دبّ
orso (m) bianco	dubb quṭbiy (m)	دبّ قطبيّ
panda (m)	bānda (m)	باندا
scimmia (f)	qird (m)	قرد
scimpanzè (m)	ʃimbanzi (m)	شيمبانزي
orango (m)	urangutān (m)	أورنغوتان
gorilla (m)	ɣurīlla (f)	غوريلا
macaco (m)	qird al makāk (m)	قرد المكاك
gibbone (m)	ʒibbūn (m)	جيبون
elefante (m)	fīl (m)	فيل
rinoceronte (m)	xartīt (m)	خرتيت
giraffa (f)	zarāfa (f)	زرافة
ippopotamo (m)	faras an nahr (m)	فرس النهر
canguro (m)	kanɣar (m)	كنغر
koala (m)	kuala (m)	كوالا
mangusta (f)	nims (m)	نمس
cincillà (f)	ʃinʃīla (f)	شنشيلة
moffetta (f)	ẓaribān (m)	ظربان
istrice (m)	nīṣ (m)	نيص

137. Animali domestici

gatta (f)	qiṭṭa (f)	قطّة
gatto (m)	ðakar al qiṭṭ (m)	ذكر القطّ
cane (m)	kalb (m)	كلب

cavallo (m)	ḥiṣān (m)	حصان
stallone (m)	faḥl al ҳayl (m)	فحل الخيل
giumenta (f)	unθa al faras (f)	أنثى الفرس
mucca (f)	baqara (f)	بقرة
toro (m)	θawr (m)	ثور
bue (m)	θawr (m)	ثور
pecora (f)	ҳarūf (f)	خروف
montone (m)	kabʃ (m)	كبش
capra (f)	māʻiz (m)	ماعز
caprone (m)	ðakar al māʻið (m)	ذكر الماعز
asino (m)	ḥimār (m)	حمار
mulo (m)	baɣl (m)	بغل
porco (m)	ҳinzīr (m)	خنزير
porcellino (m)	ҳannūṣ (m)	خنّوص
coniglio (m)	arnab (m)	أرنب
gallina (f)	daʒāʒa (f)	دجاجة
gallo (m)	dīk (m)	ديك
anatra (f)	baṭṭa (f)	بطّة
maschio (m) dell'anatra	ðakar al baṭṭ (m)	ذكر البطّ
oca (f)	iwazza (f)	إوزّة
tacchino (m)	dīk rūmiy (m)	ديك روميّ
tacchina (f)	daʒāʒ rūmiy (m)	دجاج روميّ
animali (m pl) domestici	ḥayawānāt dawāʒin (pl)	حيوانات دواجن
addomesticato (agg)	alīf	أليف
addomesticare (vt)	allaf	ألّف
allevare (vt)	rabba	ربّى
fattoria (f)	mazraʻa (f)	مزرعة
pollame (m)	ṭuyūr dāʒina (pl)	طيور داجنة
bestiame (m)	māʃiya (f)	ماشية
branco (m), mandria (f)	qaṭīʻ (m)	قطيع
scuderia (f)	isṭabl ҳayl (m)	إسطبل خيل
porcile (m)	ḥaẓīrat al ҳanāzīr (f)	حظيرة الخنازير
stalla (f)	zirībat al baqar (f)	زريبة البقر
conigliera (f)	qunn al arānib (m)	قنّ الأرانب
pollaio (m)	qunn ad daʒāʒ (m)	قن الدجاج

138. Uccelli

uccello (m)	ṭāʼir (m)	طائر
colombo (m), piccione (m)	ḥamāma (f)	حمامة
passero (m)	ʻuṣfūr (m)	عصفور
cincia (f)	qurquf (m)	قرقف
gazza (f)	ʻaqʻaq (m)	عقعق
corvo (m)	ɣurāb aswad (m)	غراب أسود

cornacchia (f)	ɣurāb (m)	غراب
taccola (f)	zāɣ (m)	زاغ
corvo (m) nero	ɣurāb al qayẓ (m)	غراب القيظ

anatra (f)	baṭṭa (f)	بطّة
oca (f)	iwazza (f)	إوزّة
fagiano (m)	tadarruʒ (m)	تدرج

aquila (f)	nasr (m)	نسر
astore (m)	bāz (m)	باز
falco (m)	ṣaqr (m)	صقر
grifone (m)	raxam (m)	رخم
condor (m)	kundūr (m)	كندور

cigno (m)	timma (m)	تمّة
gru (f)	kurkiy (m)	كركي
cicogna (f)	laqlaq (m)	لقلق

pappagallo (m)	babaɣā' (m)	ببغاء
colibrì (m)	ṭannān (m)	طنّان
pavone (m)	ṭāwūs (m)	طاووس

struzzo (m)	na'āma (f)	نعامة
airone (m)	balaʃūn (m)	بلشون
fenicottero (m)	nuḥām wardiy (m)	نحام ورديّ
pellicano (m)	baʒa'a (f)	بجعة

usignolo (m)	bulbul (m)	بلبل
rondine (f)	sunūnū (m)	سنونو

tordo (m)	sumna (m)	سمنة
tordo (m) sasello	summuna muɣarrida (m)	سمنة مغرّدة
merlo (m)	ʃaḥrūr aswad (m)	شحرور أسود

rondone (m)	samāma (m)	سمامة
allodola (f)	qubbara (f)	قبّرة
quaglia (f)	sammān (m)	سمّان

picchio (m)	naqqār al xaʃab (m)	نقّار الخشب
cuculo (m)	waqwāq (m)	وقواق
civetta (f)	būma (f)	بومة
gufo (m) reale	būm urāsiy (m)	بوم أوراسيّ
urogallo (m)	dīk il xalanʒ (m)	ديك الخلنج
fagiano (m) di monte	ṭayhūʒ aswad (m)	طيهوج أسود
pernice (f)	ḥaʒal (m)	حجل

storno (m)	zurzūr (m)	زرزور
canarino (m)	kanāriy (m)	كناريّ
francolino (m) di monte	ṭayhūʒ il bunduq (m)	طيهوج البندق

fringuello (m)	ʃurʃūr (m)	شرشور
ciuffolotto (m)	diɣnāʃ (m)	دغناش

gabbiano (m)	nawras (m)	نورس
albatro (m)	al qaṭras (m)	القطرس
pinguino (m)	biṭrīq (m)	بطريق

139. Pesci. Animali marini

abramide (f)	abramīs (m)	أبراميس
carpa (f)	ʃabbūṭ (m)	شبّوط
perca (f)	farχ (m)	فرخ
pesce (m) gatto	qarmūṭ (m)	قرموط
luccio (m)	samak al karāki (m)	سمك الكراكي
salmone (m)	salmūn (m)	سلمون
storione (m)	ḥaffʃ (m)	حفش
aringa (f)	rinʒa (f)	رنجة
salmone (m)	salmūn aṭlasiy (m)	سلمون أطلسيّ
scombro (m)	usqumriy (m)	أسقمريّ
sogliola (f)	samak mufalṭaḥ (f)	سمك مفلطح
lucioperca (f)	samak sandar (m)	سمك سندر
merluzzo (m)	qudd (m)	قدّ
tonno (m)	tūna (f)	تونة
trota (f)	salmūn muraqqaṭ (m)	سلمون مرقّط
anguilla (f)	ḥankalīs (m)	حنكليس
torpedine (f)	ra''ād (m)	رعّاد
murena (f)	murāy (m)	موراي
piranha (f)	birāna (f)	بيرانا
squalo (m)	qirʃ (m)	قرش
delfino (m)	dilfīn (m)	دلفين
balena (f)	ḥūt (m)	حوت
granchio (m)	salṭaʻūn (m)	سلطعون
medusa (f)	qindīl al baḥr (m)	قنديل البحر
polpo (m)	uχṭubūṭ (m)	أخطبوط
stella (f) marina	naʒmat al baḥr (f)	نجمة البحر
riccio (m) di mare	qumfuð al baḥr (m)	قنفذ البحر
cavalluccio (m) marino	ḥiṣān al baḥr (m)	حصان البحر
ostrica (f)	maḥār (m)	محار
gamberetto (m)	ʒambari (m)	جمبريّ
astice (m)	istakūza (f)	إستكوزا
aragosta (f)	karkand ʃāik (m)	كركند شائك

140. Anfibi. Rettili

serpente (m)	θuʻbān (m)	ثعبان
velenoso (agg)	sāmm	سامّ
vipera (f)	afʻa (f)	أفعى
cobra (m)	kūbra (m)	كوبرا
pitone (m)	biθūn (m)	بيثون
boa (m)	buwāʼ (f)	بواء
biscia (f)	θuʻbān al ʻuʃb (m)	ثعبان العشب

serpente (m) a sonagli	afʻa al ʒalʒala (f)	أفعى الجلجلة
anaconda (f)	anakūnda (f)	أناكوندا
lucertola (f)	siḥliyya (f)	سحليّة
iguana (f)	iɣwāna (f)	إغوانة
varano (m)	waral (m)	ورل
salamandra (f)	samandar (m)	سمندر
camaleonte (m)	ḥirbāʼ (f)	حرباء
scorpione (m)	ʻaqrab (m)	عقرب
tartaruga (f)	sulaḥfāt (f)	سلحفاة
rana (f)	ḍifḍaʻ (m)	ضفدع
rospo (m)	ḍifḍaʻ aṭ ṭīn (m)	ضفدع الطين
coccodrillo (m)	timsāḥ (m)	تمساح

141. Insetti

insetto (m)	ḥaʃara (f)	حشرة
farfalla (f)	farāʃa (f)	فراشة
formica (f)	namla (f)	نملة
mosca (f)	ðubāba (f)	ذبابة
zanzara (f)	namūsa (f)	ناموسة
scarabeo (m)	χunfusa (f)	خنفسة
vespa (f)	dabbūr (m)	دبّور
ape (f)	naḥla (f)	نحلة
bombo (m)	naḥla ṭannāna (f)	نحلة طنّانة
tafano (m)	naʻra (f)	نعرة
ragno (m)	ʻankabūt (m)	عنكبوت
ragnatela (f)	nasīʒ ʻankabūt (m)	نسيج عنكبوت
libellula (f)	yaʻsūb (m)	يعسوب
cavalletta (f)	ʒarād (m)	جراد
farfalla (f) notturna	ʻitta (f)	عتّة
scarafaggio (m)	ṣurṣūr (m)	صرصور
zecca (f)	qurāda (f)	قرادة
pulce (f)	burɣūθ (m)	برغوث
moscerino (m)	baʻūḍa (f)	بعوضة
locusta (f)	ʒarād (m)	جراد
lumaca (f)	ḥalzūn (m)	حلزون
grillo (m)	ṣarrār al layl (m)	صرّار الليل
lucciola (f)	yarāʻa muḍīʼa (f)	يراعة مضيئة
coccinella (f)	daʻsūqa (f)	دعسوقة
maggiolino (m)	χunfusa kabīra (f)	خنفسة كبيرة
sanguisuga (f)	ʻalaqa (f)	علقة
bruco (m)	yasrūʻ (m)	يسروع
verme (m)	dūda (f)	دودة
larva (f)	yaraqa (f)	يرقة

Flora

142. Alberi

albero (m)	ʃaӡara (f)	شجرة
deciduo (agg)	nafḍiyya	نفضيّة
conifero (agg)	ṣanawbariyya	صنوبريّة
sempreverde (agg)	dā'imat al xuḍra	دائمة الخضرة
melo (m)	ʃaӡarat tuffāḥ (f)	شجرة تفّاح
pero (m)	ʃaӡarat kummaθra (f)	شجرة كمّثرى
ciliegio (m), amareno (m)	ʃaӡarat karaz (f)	شجرة كرز
prugno (m)	ʃaӡarat barqūq (f)	شجرة برقوق
betulla (f)	batūla (f)	بتولا
quercia (f)	ballūṭ (f)	بلّوط
tiglio (m)	ʃaӡarat zayzafūn (f)	شجرة زيزفون
pioppo (m) tremolo	ḥawr raӡrāӡ (m)	حور رجراج
acero (m)	qayqab (f)	قيقب
abete (m)	ratinaӡ (f)	راتينج
pino (m)	ṣanawbar (f)	صنوبر
larice (m)	arziyya (f)	أرزيّة
abete (m) bianco	tannūb (f)	تنّوب
cedro (m)	arz (f)	أرز
pioppo (m)	ḥawr (f)	حور
sorbo (m)	ɣubayrā' (f)	غبيراء
salice (m)	ṣafṣāf (f)	صفصاف
alno (m)	ӡār il mā' (m)	جار الماء
faggio (m)	zān (m)	زان
olmo (m)	dardār (f)	دردار
frassino (m)	marān (f)	مران
castagno (m)	kastanā' (f)	كستناء
magnolia (f)	maɣnūliya (f)	مغنوليا
palma (f)	naxla (f)	نخلة
cipresso (m)	sarw (f)	سرو
mangrovia (f)	ayka sāḥiliyya (f)	أيكة ساحليّة
baobab (m)	bāubāb (f)	باوباب
eucalipto (m)	ukaliptus (f)	أوكاليبتوس
sequoia (f)	siqūya (f)	سيكويا

143. Arbusti

cespuglio (m)	ʃuӡayra (f)	شجيرة
arbusto (m)	ʃuӡayrāt (pl)	شجيرات

vite (f)	karma (f)	كرمة
vigneto (m)	karam (m)	كرم
lampone (m)	tūt al 'ullayq al aḥmar (m)	توت العليق الأحمر
ribes (m) rosso	kiʃmiʃ aḥmar (m)	كشمش أحمر
uva (f) spina	'inab aθ θa'lab (m)	عنب الثعلب
acacia (f)	sanṭ (f)	سنط
crespino (m)	amīr barīs (m)	أمير باريس
gelsomino (m)	yāsmīn (m)	ياسمين
ginepro (m)	'ar'ar (m)	عرعر
roseto (m)	ʃuʒayrat ward (f)	شجيرة ورد
rosa (f) canina	ward ʒabaliy (m)	ورد جبلي

144. Frutti. Bacche

frutto (m)	θamra (f)	ثمرة
frutti (m pl)	θamr (m)	ثمر
mela (f)	tuffāḥa (f)	تفاحة
pera (f)	kummaθra (f)	كمّثرى
prugna (f)	barqūq (m)	برقوق
fragola (f)	farawla (f)	فراولة
amarena (f), ciliegia (f)	karaz (m)	كرز
uva (f)	'inab (m)	عنب
lampone (m)	tūt al 'ullayq al aḥmar (m)	توت العليق الأحمر
ribes (m) nero	'inab aθ θa'lab al aswad (m)	عنب الثعلب الأسود
ribes (m) rosso	kiʃmiʃ aḥmar (m)	كشمش أحمر
uva (f) spina	'inab aθ θa'lab (m)	عنب الثعلب
mirtillo (m) di palude	tūt aḥmar barriy (m)	توت أحمر برّيّ
arancia (f)	burtuqāl (m)	برتقال
mandarino (m)	yūsufiy (m)	يوسفي
ananas (m)	ananās (m)	أناناس
banana (f)	mawz (m)	موز
dattero (m)	tamr (m)	تمر
limone (m)	laymūn (m)	ليمون
albicocca (f)	miʃmiʃ (f)	مشمش
pesca (f)	durrāq (m)	دراق
kiwi (m)	kiwi (m)	كيوي
pompelmo (m)	zinbā' (m)	زنباع
bacca (f)	ḥabba (f)	حبّة
bacche (f pl)	ḥabbāt (pl)	حبّات
mirtillo (m) rosso	'inab aθ θawr (m)	عنب الثور
fragola (f) di bosco	farāwla barriyya (f)	فراولة برّيّة
mirtillo (m)	'inab al aḥrāʒ (m)	عنب الأحراج

145. Fiori. Piante

fiore (m)	zahra (f)	زهرة
mazzo (m) di fiori	bāqat zuhūr (f)	باقة زهور
rosa (f)	warda (f)	وردة
tulipano (m)	tulīb (f)	توليب
garofano (m)	qurumful (m)	قرنفل
gladiolo (m)	dalbūθ (f)	دلبوث
fiordaliso (m)	turunʃāh (m)	ترنشاه
campanella (f)	ʒarīs (m)	جريس
soffione (m)	hindibā' (f)	هندباء
camomilla (f)	babunʒ (m)	بابونج
aloe (m)	aluwwa (m)	أَلوَة
cactus (m)	ṣabbār (m)	صبّار
ficus (m)	tīn (m)	تين
giglio (m)	sawsan (m)	سوسن
geranio (m)	ibrat ar rā'i (f)	إبرة الراعي
giacinto (m)	zanbaq (f)	زنبق
mimosa (f)	mimūza (f)	ميموزا
narciso (m)	narʒis (f)	نرجس
nasturzio (m)	abu χanʒar (f)	أبو خنجر
orchidea (f)	saḥlab (f)	سحلب
peonia (f)	fawniya (f)	فاوانيا
viola (f)	banafsaʒ (f)	بنفسج
viola (f) del pensiero	banafsaʒ muθallaθ (m)	بنفسج مثلث
nontiscordardimé (m)	'āðān al fa'r (pl)	آذان الفأر
margherita (f)	uqḥuwān (f)	أقحوان
papavero (m)	χaʃχāʃ (f)	خشخاش
canapa (f)	qinnab (m)	قنب
menta (f)	na'nā' (m)	نعناع
mughetto (m)	sawsan al wādi (m)	سوسن الوادي
bucaneve (m)	zahrat al laban (f)	زهرة اللبن
ortica (f)	qarrāṣ (m)	قرّاص
acetosa (f)	ḥammāḍ (m)	حمّاض
ninfea (f)	nilūfar (m)	نيلوفر
felce (f)	saraχs (m)	سرخس
lichene (m)	uʃna (f)	أشنة
serra (f)	daffi'a (f)	دفيئة
prato (m) erboso	'uʃb (m)	عشب
aiuola (f)	ʒunaynat zuhūr (f)	جنينة زهور
pianta (f)	nabāt (m)	نبات
erba (f)	'uʃb (m)	عشب
filo (m) d'erba	'uʃba (f)	عشبة

foglia (f)	waraqa (f)	ورقة
petalo (m)	waraqat az zahra (f)	ورقة الزهرة
stelo (m)	sāq (f)	ساق
tubero (m)	darnat nabāt (f)	درنة نبات
germoglio (m)	nabta sayīra (f)	نبتة صغيرة
spina (f)	ʃawka (f)	شوكة
fiorire (vi)	nawwar	نوّر
appassire (vi)	ðabal	ذبل
odore (m), profumo (m)	rā'iḥa (f)	رائحة
tagliare (~ i fiori)	qataʿ	قطع
cogliere (vt)	qataf	قطف

146. Cereali, granaglie

grano (m)	ḥubūb (pl)	حبوب
cereali (m pl)	maḥāṣīl al ḥubūb (pl)	محاصيل الحبوب
spiga (f)	sumbula (f)	سنبلة
frumento (m)	qamḥ (m)	قمح
segale (f)	ʒāwdār (m)	جاودار
avena (f)	ʃūfān (m)	شوفان
miglio (m)	duxn (m)	دخن
orzo (m)	ʃaʿīr (m)	شعير
mais (m)	ðura (f)	ذرّة
riso (m)	urz (m)	أرز
grano (m) saraceno	ḥinṭa sawdā' (f)	حنطة سوداء
pisello (m)	bisilla (f)	بسلة
fagiolo (m)	faṣūliya (f)	فاصوليا
soia (f)	fūl aṣ ṣūya (m)	فول الصويا
lenticchie (f pl)	ʿadas (m)	عدس
fave (f pl)	fūl (m)	فول

PAESI. NAZIONALITÀ

147. Europa occidentale

Europa (f)	urūbba (f)	أُوروبَّا
Unione (f) Europea	al ittiḥād al urubbiy (m)	الإتِّحاد الأوروبِيّ
Austria (f)	an nimsa (f)	النمسا
Gran Bretagna (f)	briṭāniya al ʿuẓma (f)	بريطانيا العظمى
Inghilterra (f)	inʒiltirra (f)	إنجلتِرا
Belgio (m)	balʒīka (f)	بلجيكا
Germania (f)	almāniya (f)	ألمانيا
Paesi Bassi (m pl)	hulanda (f)	هولندا
Olanda (f)	hulanda (f)	هولندا
Grecia (f)	al yūnān (f)	اليونان
Danimarca (f)	ad danimārk (f)	الدانمارك
Irlanda (f)	irlanda (f)	أيرلندا
Islanda (f)	ʾāyslanda (f)	آيسلندا
Spagna (f)	isbāniya (f)	إسبانيا
Italia (f)	iṭāliya (f)	إيطاليا
Cipro (m)	qubruṣ (f)	قبرص
Malta (f)	malṭa (f)	مالطا
Norvegia (f)	an nirwīʒ (f)	النرويج
Portogallo (f)	al burtuɣāl (f)	البرتغال
Finlandia (f)	finlanda (f)	فنلندا
Francia (f)	faransa (f)	فرنسا
Svezia (f)	as suwayd (f)	السويد
Svizzera (f)	swīsra (f)	سويسرا
Scozia (f)	iskutlanda (f)	اسكتلندا
Vaticano (m)	al vatikān (m)	الفاتيكان
Liechtenstein (m)	liʃtinʃtāyn (m)	ليشتنشتاين
Lussemburgo (m)	luksimburɣ (f)	لوكسمبورغ
Monaco (m)	munāku (f)	موناكو

148. Europa centrale e orientale

Albania (f)	albāniya (f)	ألبانيا
Bulgaria (f)	bulɣāriya (f)	بلغاريا
Ungheria (f)	al maʒar (f)	المجر
Lettonia (f)	lātviya (f)	لاتفيا
Lituania (f)	litwāniya (f)	ليتوانيا
Polonia (f)	bulanda (f)	بولندا

Romania (f)	rumāniya (f)	رومانيا
Serbia (f)	ṣirbiya (f)	صربيا
Slovacchia (f)	sluvākiya (f)	سلوفاكيا
Croazia (f)	kruātiya (f)	كرواتيا
Repubblica (f) Ceca	atʃ tʃīk (f)	التشيك
Estonia (f)	istūniya (f)	إستونيا
Bosnia-Erzegovina (f)	al busna wal hirsuk (f)	البوسنة والهرسك
Macedonia (f)	maqdūniya (f)	مقدونيا
Slovenia (f)	sluvīniya (f)	سلوفينيا
Montenegro (m)	al ʒabal al aswad (m)	الجبل الأسود

149. Paesi dell'ex Unione Sovietica

Azerbaigian (m)	aðarbiʒān (m)	أذربيجان
Armenia (f)	armīniya (f)	أرمينيا
Bielorussia (f)	bilarūs (f)	بيلاروس
Georgia (f)	ʒūrʒiya (f)	جورجيا
Kazakistan (m)	kazaχstān (f)	كازاخستان
Kirghizistan (m)	qiryizistān (f)	قيرغيزستان
Moldavia (f)	muldāviya (f)	مولدافيا
Russia (f)	rūsiya (f)	روسيا
Ucraina (f)	ukrāniya (f)	أوكرانيا
Tagikistan (m)	taʒīkistān (f)	طاجيكستان
Turkmenistan (m)	turkmānistān (f)	تركمانستان
Uzbekistan (m)	uzbikistān (f)	أوزيكستان

150. Asia

Asia (f)	'āsiya (f)	آسيا
Vietnam (m)	vitnām (f)	فيتنام
India (f)	al hind (f)	الهند
Israele (m)	isrāʼīl (f)	إسرائيل
Cina (f)	aṣ ṣīn (f)	الصين
Libano (m)	lubnān (f)	لبنان
Mongolia (f)	manɣūliya (f)	منغوليا
Malesia (f)	malīziya (f)	ماليزيا
Pakistan (m)	bakistān (f)	باكستان
Arabia Saudita (f)	as saʻūdiyya (f)	السعوديّة
Tailandia (f)	taylānd (f)	تايلاند
Taiwan (m)	taywān (f)	تايوان
Turchia (f)	turkiya (f)	تركيا
Giappone (m)	al yabān (f)	اليابان
Afghanistan (m)	afɣanistān (f)	أفغانستان
Bangladesh (m)	banʒladīʃ (f)	بنجلاديش

Indonesia (f)	indunīsiya (f)	إندونيسيا
Giordania (f)	al urdun (m)	الأردن
Iraq (m)	al 'irāq (m)	العراق
Iran (m)	'īrān (f)	إيران
Cambogia (f)	kambūdya (f)	كمبوديا
Kuwait (m)	al kuwayt (f)	الكويت
Laos (m)	lawus (f)	لاوس
Birmania (f)	myanmār (f)	ميانمار
Nepal (m)	nibāl (f)	نيبال
Emirati (m pl) Arabi	al imārāt al 'arabiyya al muttaḥida (pl)	الإمارات العربيّة المتّحدة
Siria (f)	sūriya (f)	سوريا
Palestina (f)	filisṭīn (f)	فلسطين
Corea (f) del Sud	kuriya al ʒanūbiyya (f)	كوريا الجنوبيّة
Corea (f) del Nord	kūria aʃ ʃimāliyya (f)	كوريا الشماليّة

151. America del Nord

Stati (m pl) Uniti d'America	al wilāyāt al muttaḥida al amrīkiyya (pl)	الولايات المتّحدة الأمريكيّة
Canada (m)	kanada (f)	كندا
Messico (m)	al maksīk (f)	المكسيك

152. America centrale e America del Sud

Argentina (f)	arʒantīn (f)	الأرجنتين
Brasile (m)	al brazīl (f)	البرازيل
Colombia (f)	kulumbiya (f)	كولومبيا
Cuba (f)	kūba (f)	كوبا
Cile (m)	tʃīli (f)	تشيلي
Bolivia (f)	bulīviya (f)	بوليفيا
Venezuela (f)	vinizwiyla (f)	فنزويلا
Paraguay (m)	baraɣwāy (f)	باراغواي
Perù (m)	biru (f)	بيرو
Suriname (m)	surinām (f)	سورينام
Uruguay (m)	uruɣwāy (f)	الأوروغواي
Ecuador (m)	al iqwadūr (f)	الإكوادور
Le Bahamas	ʒuzur bahāmas (pl)	جزر باهاماس
Haiti (m)	haīti (f)	هايتي
Repubblica (f) Dominicana	ʒumhūriyyat ad duminikan (f)	جمهوريّة الدومينيكان
Panama (m)	banama (f)	بنما
Giamaica (f)	ʒamāyka (f)	جامايكا

153. Africa

Italiano	Traslitterazione	Arabo
Egitto (m)	miṣr (f)	مصر
Marocco (m)	al maɣrib (m)	المغرب
Tunisia (f)	tūnis (f)	تونس
Ghana (m)	ɣāna (f)	غانا
Zanzibar	zanʒibār (f)	زنجبار
Kenya (m)	kiniya (f)	كينيا
Libia (f)	līpīya (f)	ليبيا
Madagascar (m)	madaɣaʃqar (f)	مدغشقر
Namibia (f)	namībiya (f)	ناميبيا
Senegal (m)	as siniɣāl (f)	السنغال
Tanzania (f)	tanzāniya (f)	تنزانيا
Repubblica (f) Sudafricana	ʒumhūriyyat afrīqiya al ʒanūbiyya (f)	جمهريّة أفريقيا الجنوبيّة

154. Australia. Oceania

Italiano	Traslitterazione	Arabo
Australia (f)	usturāliya (f)	أستراليا
Nuova Zelanda (f)	nyu zilanda (f)	نيوزيلندا
Tasmania (f)	tasmāniya (f)	تاسمانيا
Polinesia (f) Francese	bulinīziya al faransiyya (f)	بولينزيا الفرنسيّة

155. Città

Italiano	Traslitterazione	Arabo
L'Aia	lahāy (f)	لاهاي
Amburgo	hamburɣ (m)	هامبورغ
Amsterdam	amstirdām (f)	أمستردام
Ankara	anqara (f)	أنقرة
Atene	aθīna (f)	أثينا
L'Avana	havāna (f)	هافانا
Baghdad	baɣdād (f)	بغداد
Bangkok	bankūk (f)	بانكوك
Barcellona	barʃalūna (f)	برشلونة
Beirut	bayrūt (f)	بيروت
Berlino	birlīn (f)	برلين
Bombay, Mumbai	bumbāy (f)	بومباي
Bonn	būn (f)	بون
Bordeaux	burdu (f)	بوردو
Bratislava	bratislāva (f)	براتيسلافا
Bruxelles	brūksil (f)	بروكسل
Bucarest	buxarist (f)	بوخارست
Budapest	budabist (f)	بودابست
Il Cairo	al qāhira (f)	القاهرة
Calcutta	kalkutta (f)	كلكتا

Italiano	Traslitterazione	Arabo
Chicago	ʃikāɣu (f)	شيكاغو
Città del Messico	madīnat maksiku (f)	مدينة مكسيكو
Copenaghen	kubinhāʒin (f)	كوبنهاجن
Dar es Salaam	dar as salām (f)	دار السلام
Delhi	dilhi (f)	دلهي
Dubai	dibay (f)	دبي
Dublino	dablin (f)	دبلن
Düsseldorf	dusildurf (f)	دوسلدورف
Firenze	flurinsa (f)	فلورنسا
Francoforte	frankfurt (f)	فرانكفورت
Gerusalemme	al quds (f)	القدس
Ginevra	ʒinīv (f)	جنيف
Hanoi	hanuy (f)	هانوي
Helsinki	hilsinki (f)	هلسنكي
Hiroshima	hiruʃīma (f)	هيروشيما
Hong Kong	hunɣ kunɣ (f)	هونغ كونغ
Istanbul	istanbūl (f)	إسطنبول
Kiev	kiyiv (f)	كييف
Kuala Lumpur	kuala lumpur (f)	كوالالمبور
Lione	liyūn (f)	ليون
Lisbona	liʃbūna (f)	لشبونة
Londra	lundun (f)	لندن
Los Angeles	lus anʒilis (f)	لوس أنجلوس
Madrid	madrīd (f)	مدريد
Marsiglia	marsīliya (f)	مرسيليا
Miami	mayāmi (f)	ميامي
Monaco di Baviera	myūnix (f)	ميونخ
Montreal	muntriyāl (f)	مونتريال
Mosca	musku (f)	موسكو
Nairobi	nayrūbi (f)	نيروبي
Napoli	nabuli (f)	نابولي
New York	nyu yūrk (f)	نيويورك
Nizza	nīs (f)	نيس
Oslo	uslu (f)	أوسلو
Ottawa	uttawa (f)	أوتاوا
Parigi	barīs (f)	باريس
Pechino	bikīn (f)	بيكين
Praga	brāɣ (f)	براغ
Rio de Janeiro	riu di ʒaniyru (f)	ريو دي جانيرو
Roma	rūma (f)	روما
San Pietroburgo	sant bitirsburɣ (f)	سانت بطرسبرغ
Seoul	siūl (f)	سيول
Shanghai	ʃanɣhāy (f)	شانغهاي
Sidney	sidniy (f)	سيدني
Singapore	sinɣafūra (f)	سنغافورة
Stoccolma	stukhūlm (f)	ستوكهولم
Taipei	taybay (f)	تايبيه
Tokio	tukyu (f)	طوكيو

Toronto	turūntu (f)	تورونتو
Varsavia	warsaw (f)	وارسو
Venezia	al bunduqiyya (f)	البندقيّة
Vienna	vyīna (f)	فيينا
Washington	wāʃinṭun (f)	واشنطن

www.ingramcontent.com/pod-product-compliance
Lightning Source LLC
Chambersburg PA
CBHW070600050426
42450CB00011B/2922